Inhalt

Autoren:
Marion von der Kammer
Annette Spreitzer-Hochberger
Werner Bayer
Manfred Hahn

TRAINING QUALI 2013

Lösungen

Deutsch

Bayern

2007–2012

STARK

Umschlagbild: © Monkey Business/Dreamstime.com

ISBN 978-3-8490-0197-1

9. ergänzte Auflage
www.stark-verlag.de

Vorwort

Liebe Schülerin, lieber Schüler,

dieses Buch ist das Lösungsbuch zu dem Band *Training Quali Deutsch* (Titel-Nummer 93545). Es enthält ausführliche kommentierte Lösungen zu allen Übungen des Trainingsteils sowie zu den Abschlussprüfungsaufgaben.

Direkt vor den Lösungen findest du **Hinweise und Tipps** zur Bearbeitung der einzelnen Aufgaben. Sie zeigen dir schrittweise, wie du am besten vorgehst und worauf du beim Lösen der jeweiligen Aufgabe besonders achten musst. Du erkennst die Hinweise und Tipps an diesem Zeichen:

Die Lösungen ermöglichen es dir, deine Leistung einzuschätzen. Bei den Aufsätzen handelt es sich um **Lösungsvorschläge**. Das heißt, dass auch andere Lösungen als die hier abgedruckten richtig sein können. Wichtig ist aber, dass du die Arbeitsaufträge **vollständig** und **richtig** bearbeitest.
Außerdem gilt: Versuche stets, die Aufgabe zunächst selbstständig zu lösen, und sieh nicht gleich in der Lösung nach. Am Schluss solltest du deine Lösung in jedem Fall mit der hier angebotenen Lösung vergleichen.

Viel Erfolg im Quali wünschen dir der Verlag und die Autoren dieses Buches!

Der Qualifizierende Hauptschulabschluss – Training und Tipps

Übung 1

1. a) ☒ Wirtschaft
   b) Verbraucher, Konkurrenzkampf, Mehrwertsteuer, Weltmarktpreis, Produktionskosten

2. a) Verbraucher müssen sich darauf einstellen, dass Kaffee teurer wird, und zwar um
      ☒ 70 Cent pro Pfund.
   b) Die Rohstoffpreise stiegen seit Sommer 2002
      ☒ um mehr als 35 Prozent.
   c) Die Einzelhandelspreise erreichten zeitweise
      ☒ das tiefste Niveau seit 50 Jahren.
   d) Was bedeutet das für die Kaffeebauern?
      ☒ Sie verdienen weniger Geld.

3. a) Kosten für die Herstellung: Produktionskosten
   b) großes Unternehmen: Konzern
   c) Überfahrt mit dem Schiff: Schiffspassage
   d) Ladenkette, die Waren zu stark herabgesetzten Preisen verkauft: Discounter
   e) Ein Stück Land, auf dem Pflanzen angebaut werden: Plantage
   f) Preis, der international für eine Ware festgelegt wird: Weltmarktpreis

4. a) Grund 1: Die Produktionskosten der Kaffeebauern werden kaum durch den niedrigen Weltmarktpreis gedeckt.
      Grund 2: Den Kaffeebauern bleibt kaum etwas zum Leben übrig.
   b) Grund 1: Die Rohkaffeepreise sind um mehr als 35 Prozent gestiegen.
      Grund 2: Gleichzeitig sackten die Einzelhandelspreise durch den Konkurrenzkampf ab.

Übung 2

1. Thema von Text 1: In dem Text geht es um ein Mädchen, das Probleme mit seinem Aussehen hat.

2. Thema von Text 2: Der Text handelt davon wie ein Schülerin einen neuen Klassenkameraden unterstützt, als dieser vorschnell beschuldigt wird, eine CD gestohlen zu haben.

3. Thema von Text 3: In dem Test geht es um die Zunahme von Gewalt unter Kindern und Jugendlichen.

4. Thema von Text 4: Der Text handelt vom Wandel des menschlichen Zusammenlebens.

Übung 3

1. Der Text handelt davon, dass Jugendliche immer mehr Freizeit haben, und davon, wie sie diese Freizeit verbringen.

2. a) Die Jugendlichen verfügen täglich unter der Woche über mehr als sechseinhalb Stunden Freizeit; am Wochenende haben sie fast neun Stunden Freizeit pro Tag.
   b) Die Information stammt vom deutschen Jugendinstitut (DJI) in München. Das Institut hat seine Daten vom Statistischen Bundesamt erhalten.
   c) Freizeit ist die Zeit, die nicht in der Schule, nicht bei der Ausbildung und nicht mit Schlafen, Körperpflege oder Essen verbracht wird.
   d) Die Jugendlichen verbringen ihre Zeit am liebsten vor dem Fernseher.
   e) Sie lesen wenig. Das gilt vor allem für Jungen.
   f) Sportliche Aktivitäten haben an Bedeutung verloren.
   g) Mädchen helfen mehr im Haushalt.
   h) Jungen helfen eher ungern im Haushalt.

Übung 4

1. Textmarkierungen:

Jugendliche haben vergleichsweise viel Freizeit

München. (dpa/gms) Jugendliche in Deutschland im Alter zwischen 14 und 18 Jahren verfügen an Wochentagen über mehr als sechseinhalb Stunden freie Zeit pro Tag. Am Wochenende erhöht sich das Freizeitbudget sogar auf rund achtdreiviertel Stunden. Dies teilt das deutsche Jugendinstitut (DJI) in München mit.

Das Institut bezieht sich dabei auf Zeitbudgetdaten des Statistischen Bundesamtes aus den Jahren 2001 und 2002. Freizeit ist die Zeit, die nicht in der Schule, bei der Ausbildung oder mit Schlafen, Körperpflege und Essen verbracht wird.

Auffallend ist laut DJI die große Bedeutung der Mediennutzung, die bei den Mädchen über 40 und bei Jungen fast 50 Prozent der Freizeit einnimmt. Allein mit Fernsehen oder Video verbringen sowohl Jungen als auch Mädchen jeweils knapp zwei Stunden täglich. Bücher und Zeitschriften spielen bei Jungen fast keine Rolle, für Mädchen haben sie mit einer halben Stunde täglicher Nutzung eine größere Bedeutung. Ein Vergleich der Zeitbudgetdaten zwischen den Jahren 1991 und 2001 zeigt, dass die Mediennutzung der Jugendlichen zugenommen hat, sportliche Aktivitäten aber an Bedeutung verloren haben.

Während die Jungen täglich eine knappe Stunde Haushaltsarbeit leisten, tun Mädchen mit rund eineinhalb Stunden Zeiteinsatz deutlich mehr für die Familie. Gleichzeitig zeigen sich Jungen den Angaben des DJI zufolge unzufriedener mit den aufgewendeten Zeit für Hausarbeit als Mädchen.

2. **Stichwortnotizen**:

- Freizeit von Jugendlichen: 6,5 Stunden Freizeit in der Woche, 8,75 Stunden am Wochenende
- Daten: vom Statistischen Bundesamt, mitgeteilt über das deutsche Jugendinstitut (DJI)
- Freizeit: alles außer Schule, Ausbildung, Schlafen, Körperpflege und Essen
- Freizeitgestaltung: überwiegend Medienkonsum (TV, Video)
- Lesen von Büchern und Zeitschriften: keine Bedeutung (Jungen), 0,5 Stunden täglich (Mädchen)
- sportliche Aktivitäten: abnehmende Bedeutung
- Hausarbeit: 1 Stunde täglich (Jungen), 1,5 Stunden täglich (Mädchen)

Übung 5

1. **Textmarkierungen:**

Hals- und Beinbruch!

Wilde Autoverfolgungsjagden, halsbrecherische Sprünge von brennenden Dächern, lebensgefährliches Balancieren in schwindelerregender Höhe. Sie halten immer den Kopf hin, wenn gefährliche Szenen für Film und Fernsehen gedreht werden müssen. Die Rede ist von Stuntmännern und Stuntfrauen. Stunts verleihen den Actionstreifen die entsprechende Spannung, ohne die heute kaum ein Film mehr gedreht werden kann.

Die Stunts sind für die Schauspieler viel zu gefährlich. Deshalb braucht man diese Profis. Für diese Tätigkeiten ist Sportlichkeit eine absolute Voraussetzung. Stuntmänner und Stuntfrauen sollten auch über ein gewisses Maß an schauspielerischem Talent verfügen, denn sie müssen oft längere Filmszenen übernehmen.

Wenn ein Auto im Film auf eine Menschengruppe zurast, sind die Personen, die zur Seite springen, immer Stuntmänner oder Stuntfrauen. Viele Szenen im Film werden am Computer nachbearbeitet, geschnitten und so oft wiederholt, bis alles „glatt" aussieht. Die Actionszenen aber werden meist live gedreht; damit alles möglichst auf Anhieb funktioniert, erfordern sie ein häufiges und hartes Training. Das Timing bei den Szenen ist lebensnotwendig. Was todesmutig aussieht, ist das Ergebnis einer intensiven Ausbildung. Der Berufsstand ist heutzutage immer mehr gefragt, weil Actionfilme auch im Fernsehen zunehmen.

Teamfähigkeit wird bei Stuntmännern und Stuntfrauen groß geschrieben. Sie erleichtert die Arbeit und spart Zeit. Je genauer sich ein Team kennt und aufeinander „eingespielt" ist, desto schneller können bestimmte Szenen fertiggestellt werden. Ganz wichtig ist es, dass man sich auf seinen Partner verlassen kann. Geht nämlich etwas schief, sind Knochenbrüche und Schürfwunden vorprogrammiert.

Für Stuntmänner und Stuntfrauen ist die Einschätzung des eigenen Könnens sehr wichtig. Profis heben hervor, dass sie mitunter auch „nein" sagen, wenn bestimmte Grenzen überschritten werden und die Angst überwiegt. Nur durch das Vermeiden von unnötigem Risiko kann man die Verletzungsgefahr verringern.

Stuntmänner und Stuntfrauen sind gefragte Leute. Die meisten arbeiten als Freiberufler, aber nur die wenigsten können davon wirklich leben. Dabei gilt der Grundsatz: Je vielseitiger man ist, desto mehr Aufträge bekommt man.

2. **Sinnabschnitte und sinngemäße Aussagen:**

a) Für diese Tätigkeiten | ist Sportlichkeit eine absolute Voraussetzung.
→ Wer als Stuntman arbeiten will, muss sportlich sein.

b) Das Timing bei den Szenen | ist lebensnotwendig.
→ Bei den Szenen muss sich ein Stuntman die Zeit genau einteilen, sonst wird es für ihn lebensgefährlich.

c) Was todesmutig aussieht, | ist das Ergebnis einer intensiven Ausbildung.
→ Ein Stuntman kann die gefährlich wirkenden Szenen nur spielen, weil er dies sorgfältig gelernt hat.

d) Geht [...] etwas schief, | dann sind Knochenbrüche und Schürfwunden vorprogrammiert.
→ Wenn etwas nicht klappt, kommt es in der Regel zu Unfällen mit Verletzungen.

e) Profis | heben hervor, | dass sie mitunter auch „nein" sagen, | wenn bestimmte Grenzen überschritten werden [...].
→ Erfahrene Stuntmänner betonen, dass sie es gelegentlich auch ablehnen, zu gefährliche Szenen zu spielen.

f) Die meisten | arbeiten als Freiberufler, | aber nur die wenigsten | können davon wirklich leben.
→ Stuntmänner arbeiten fast immer auf Honorarbasis (nicht in einem festen Angestelltenverhältnis); die Bezahlung genügt meist nicht, um davon den Lebensunterhalt bestreiten zu können.

Übung 6

1. Die Wissenschaftler fordern deshalb ein grundsätzliches Umdenken.
→ Die Wissenschaftler wollen erreichen, dass Kinder ihre Lebensweise ändern und sich mehr bewegen.

2. Die Wissenschaftler befürchten, dass in einigen Jahren erhebliche Kosten auf die Gesellschaft zukommen.
→ Die Wissenschaftler befürchten, dass die medizinische Versorgung dieser Kinder später viel Geld kosten wird. Denn sie nehmen an, dass die Kinder durch ihre ungesunde Lebensweise krank werden.

Übung 7

1. **Mögliche Überschrift zu Text 2**:
Notizen:
- früher überwiegend Großfamilien
- heute immer mehr Kleinfamilien
- Zunahme der Scheidungsraten
- mehr Alleinerziehende
- mehr Singles

Auswahl an Überschriften:

- Von der Groß- zur Kleinfamilie
- Immer mehr Singles
- Immer mehr Alleinerziehende
- Anstieg der Scheidungsraten

2. **Mögliche Überschrift zu Text 3**:

   Notizen:

   - immer mehr prügelnde Jugendliche
   - Zunahme von Sachbeschädigungen
   - Zunahme der Gewaltbereitschaft
   - Sinken der Hemmschwelle
   - Anstieg des Aggressionsniveaus
   - Ursachen: Gewaltdarstellungen in den Medien, Konkurrenzdruck

   Auswahl an Überschriften:

   - Die Jugend schlägt sich durch
   - Zunehmende Gewalt unter Kinder und Jugendlichen
   - Gewalt in den Medien fördert Gewalt unter Jugendlichen
   - Prügeln und zerstören

3. **Mögliche Überschrift zu Text 4**:

   Notizen:

   - Neuer Mitschüler des Diebstahls bezichtigt
   - Wortführer erhebt Verdacht als Erster, andere schließen sich an
   - Mitschülerin verteidigt den Neuen

   Auswahl an Überschriften:

   - Verdacht gegen den Neuen
   - Alle gegen einen
   - Mitschülerin zeigt Mut

Übung 8

Zeitleiste

1879	Geburt Einsteins
1894	Beendigung des Schulbesuchs (ohne Abschluss), Umzug nach Mailand
1895	als Student von der Technischen Fachhochschule Zürich abgelehnt → Abitur
1896	Abgabe der deutschen Staatsbürgerschaft, Beginn des Studiums an der Technischen Fachhochschule Zürich
1901	Schweizer Staatsbürgerschaft
1905	wichtige Veröffentlichungen: spezielle Relativitätstheorie $E = mc^2$
1915	Allgemeine Relativitätstheorie
1921	Nobelpreis für Physik
1933	Übersiedlung nach Princeton, USA
1939	Aufforderung Atombombe zu bauen
1940	Amerikanische Staatsbürgerschaft
1952	Angebot an Einstein, israelischer Präsident zu werden
1955	Tod Einsteins
2005	„Einsteinjahr“

Übung 9

1. **Reihenfolge**:

Intercity	4	nach Hause fahren	7	Bahnhof	3	fremde Stadt	5
Bus	2	Zeugnistag	1	Gespräch in der Familie	8	Nacht auf einer Parkbank	6

2. **Zusammenhang zwischen Manuel und den anderen Personen:**

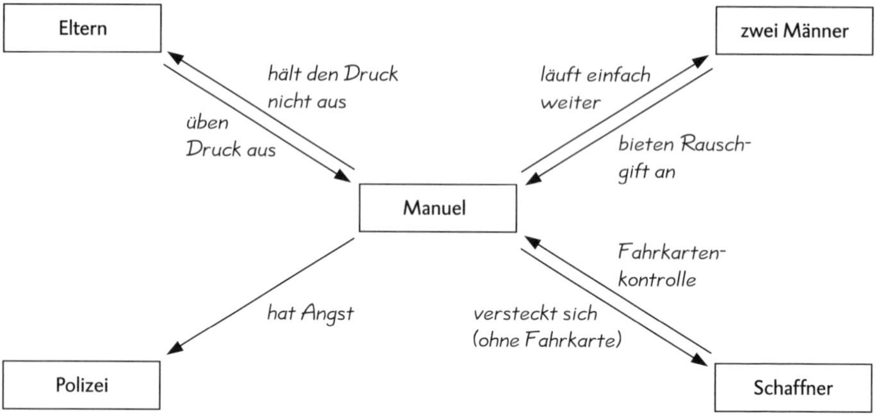

Übung 10

1.

	Diagramm Nr.
Die Jugendlichen verstehen, warum sie viel Geld ausgeben.	3
Die Jugendlichen wissen, dass sie viel Geld ausgeben.	2
Die Jugendlichen wollen wissen, was gerade Trend ist.	1

2. Die größte Zustimmung fand die Aussage:
„Es ist für mich wichtig zu wissen, was in ist."
Die geringste Zustimmung fand die Aussage:
„Ich bin von den Angeboten abhängig, die Geld kosten."

3. ☒ 62 %

4. Den geringsten Anstieg wird es wohl bei Diagramm Nr. 3 geben.
Begründung: Im Vergleich mit den Diagrammen Nr. 1 und 2 gab es bei Diagramm Nr. 3 auch bisher die geringsten Zuwachsraten. Das wird sich in der nächsten Zeit kaum ändern.

Übung 11

	richtig	falsch	nicht enthalten
1. Die unteren Balken beziehen sich auf die Gesamtbevölkerung, die oberen Balken auf die Jugendlichen.	☐	☒	☐
Die befragten Jugendlichen waren zwischen 14 und 29 Jahre alt.	☒	☐	☐
30 % der Spontankäufe sind Einkäufe von Kleidungsartikeln.	☐	☐	☒
Beim Spontankauf liegen die Jugendlichen 10 % über der Gesamtbevölkerung.	☒	☐	☐
19 % der Jugendlichen überziehen regelmäßig ihr Konto.	☐	☐	☒
Mit der Aussage „immer mehr" beschreiben die wenigsten Jugendlichen ihr Kaufverhalten.	☐	☒	☐

Das Kaufverhalten der 14- bis 29-Jährigen – interessante Ergebnisse

Unsere Welt ist bestimmt vom Konsum. Das betrifft in immer stärkeren Maße auch die Jugendlichen, die heutzutage durch Ferienarbeit oder Nebenjobs über mehr Geld verfügen als je zuvor. Das Kaufverhalten der 14- bis 29-Jährigen wurde kürzlich in einer Umfrage unter die Lupe genommen. Dabei gelangte man zu Ergebnissen, die zur Sorge Anlass geben.

Von je 100 Befragten gaben 19 % an, regelmäßig beim „Shoppen" einem Kaufrausch zu verfallen. Das vielfältige Angebot ist einfach oftmals zu verlockend. Der Kaufrausch entsteht nicht selten auch durch Frustration in der Schule oder im Beruf. Ebenfalls 19 % der Befragten gaben an, solche „Frustkäufe" zu unternehmen. Das bereits erwähnte, vielfältige, verlockend aufgemachte Angebot, verführte, wie 20 % der Jugendlichen angeben, zu Käufen, bei denen man mit viel mehr Waren nach Hause kommt, als man geplant hatte. 30 % der Befragten, und damit die größte Gruppe, gaben an, dass sie zu Spontankäufen neigen, d. h., sie lassen sich in Supermärkten durch das geschickte Platzieren von Waren dazu verleiten, spontan Dinge zu kaufen, die vorher nicht geplant waren.

Insgesamt zeigt also dieses Kaufverhalten der Jugendlichen, dass sie beim Einkaufen zu sorglos mit ihrem Geld umgehen. In extremen Fällen kann das beobachtete Kaufverhalten in die viel zitierte „Schuldenfalle" führen.

Übung 12

1. Diese Beispiele zeigen, dass sich Menschen in ihrer Freizeit für andere einsetzen:
   - sozialen Verpflichtungen nachgehen
   - Nachbarn helfen, Nachbarschaftshilfe
   - Kindererziehung

   Diese Beispiele zeigen, dass sie in ihrer Freizeit eher an sich denken:
   - sich mit dem Computer zu Hause beschäftigen
   - alltägliche Einkäufe machen
   - telefonieren

   Begründung: Wer sozialen Verpflichtungen nachgeht, Nachbarn hilft oder sich um die Erziehung von Kindern kümmert, zeigt damit, dass er vor allem an das denkt, was andere brauchen. Er denkt weniger an das, was er selbst tun möchte, stellt also seine eigenen Interessen zurück.
   Wer dagegen zu Hause vor dem Computer sitzt, denkt nur an seine Arbeit oder an sein Vergnügen (z. B. wenn er Computerspiele spielt). Auch das Einkaufen und das Telefonieren sind Aktivitäten, die mehr dazu dienen, eigenen Bedürfnissen nachzugehen.
   Jedoch sind nicht alle Beispiele eindeutig. Es kann auch sein, dass jemand deshalb telefoniert, weil er mit einem anderen Menschen Kontakt haben möchte. Dann würde er eher an den anderen denken als an sich selbst. Auch das alltägliche Einkaufen kann im Dienste anderer erfolgen, z. B., wenn man dafür sorgt, dass die Familie etwas zu essen bekommt.

2. a) Am wenigsten gehören zur Freizeit:
      - an einer öffentlichen Demonstration teilnehmen (von 53 % abgelehnt)
      - in einer Gewerkschaft / Partei mitarbeiten (von 53 % abgelehnt).

      Am meisten gehören zur Freizeit:
      - mit der Familie zusammen sein (nur von 7 % abgelehnt)
      - mit Kindern spielen (nur von 12 % abgelehnt)

   b) Die Angaben erwecken den Eindruck, als würden sich die Menschen in ihrer Freizeit eher selten für die Gesellschaft einsetzen wollen, z. B., indem sie in einer Gewerkschaft oder Partei mitarbeiten oder an einer Demonstration teilnehmen. Dagegen ist das Zusammenleben in der Familie viel wichtiger. Es stellt sich jedoch die Frage, ob eine Gesellschaft wirklich eine echte Gemeinschaft ist, in der es den meisten vor allem um ihr privates Glück geht.

3. Die Ruheständler scheinen mehr Interesse daran zu haben, in ihrer Freizeit private Kontakte zu pflegen. Jedenfalls sind sie nach den Angaben in der Tabelle deutlich mehr mit der Familie zusammen als die Jugendlichen. Zudem ist ihnen Nachbarschaftshilfe wesentlich wichtiger als den Jugendlichen. Die Jugendlichen dagegen zählen die Beschäftigung mit dem Computer mehr zur Freizeit als die Ruheständler. Das bedeutet letztendlich wohl, dass es den Jugendlichen in ihrer Freizeit eher um die Verwirklichung ihrer eigenen Bedürfnisse geht, wohingegen Ruheständler mehr Wert auf soziale Kontakte mit Familienmitgliedern und Nachbarn legen.

Übung 13

1. a) **Piercen**
   Als Piercen bezeichnet man das Durchstechen der Haut, um Schmuck anzubringen. Meistens werden Nase, Zunge, Bauchnabel oder Ohren gepierct. Menschen, die sich piercen lassen, wollen damit ihren Körper verschönern.

   b) **in sein**
   Das bedeutet, dass etwas gerade in Mode ist. Es ist in der Gesellschaft „drin“, also weit verbreitet.

   c) **Zeitgenossen**
   Das sind Menschen, die in unserer Zeit leben. Sie sind unsere Gefährten.

   d) **Masche**
   Der Begriff „Masche“ bedeutet im Textzusammenhang: eine Lebensart oder ein Verhalten, das bei bestimmten Leuten üblich ist und sie miteinander verbindet. Der Satz „Sie können dieser Masche nichts abgewinnen“ bedeutet: Sie haben für diese Art, sich zu verhalten, nichts übrig.

2. a) **Outfit**
   Mit „Outfit“ wird das Aussehen einer Person bezeichnet. Wenn ich mir zum Beispiel eine neue Frisur zulege oder mir neue Kleidung, Schmuck oder Make-up kaufe, also alles Dinge, die ich nach außen hin zeige, habe ich mir ein neues Outfit zugelegt.

   b) **trendy**
   Mit „trendy“ drückt man aus, dass etwas der aktuellen Mode entspricht, also im Trend liegt. Sind z. B. in diesem Sommer kurze Röcke modern, kaufe ich mir auch einen solchen Rock, da ich ebenfalls der aktuellen Mode entsprechen möchte. Neben Dingen wie z. B. der Kleidung können auch bestimmte Verhaltensweisen im Trend liegen.

Übung 14

Die **schwierige/bedenkliche** Lage auf dem Arbeitsmarkt wirkt sich auch auf die **beliebten/gefragten** Jobs für Schüler und Studenten aus.
Doch eine **Veränderung/Umkehr** sei nicht in Sicht, sagt die **Arbeitsvermittlerin** Anke Helmer.
Auf ein **Arbeitsangebot** kommen manchmal 80 bis 90 **Bewerber**.
Esra F. ist im **Gaststättengewerbe** tätig.
Entschlusskraft/Einsatzfreude erhöht die **Aussichten**, einen Ferienjob zu finden.
Bemühen/Tatkraft und **Anpassungsfähigkeit** bei den zugewiesenen Tätigkeiten sind eine hohe **Gewähr/Sicherheit** dafür, dass man auch im nächsten Jahr wahrscheinlich wieder unterkommt.

Übung 15

1. Demokratie
   ☒ Staatsform
2. Konsum
   ☒ Verbrauch
3. Mobilität
   ☒ Beweglichkeit
4. Export
   ☒ Ausfuhr von Waren
5. Paragraph
   ☒ Absatz in einem Gesetz
6. Quantität
   ☒ Menge, Anzahl

Übung 16

1. Elastizität: Dehnbarkeit, Biegsamkeit
2. Dermatologie: Lehre von den Hautkrankheiten
3. Patient: eine (kranke) Person, die von einem Arzt behandelt wird
4. minimieren: verringern, verkleinern
5. Referent: Vortragender, Redner
6. Faktor: Umstand, bestimmter Grund
7. genetisch: erblich (bedingt), von den Erbanlagen her (bedingt)

Übung 17

a) wissenschaftliche Tagung → Symposium (Z. 25/26)

b) Mittel zur Körper- und Schönheitspflege → Kosmetikum (Z. 26)

c) Verabreichung → Applikation (Z. 29)

d) mindert → reduziert (Z. 30)

e) Arzneimittel → Präparat (Z. 37/38)

Übung 18

Die Sätze „Ich warte ... Ich sehe ... Ich höre ... Ich spüre ... Ich war ...“ beginnen alle mit dem Pronomen „ich“ und haben einen ähnlichen Satzbau. Dadurch wirken sie gleichförmig und schwermütig. Dies entspricht der niedergeschlagenen Stimmung der Hauptperson Elfie: Sie ist enttäuscht, weil ihre Clique nicht auf sie gewartet hat.
Durch die Wiederholung des Pronomens „ich“ wird aber auch betont, dass sich Elfie wieder auf sich selbst besinnt. Sie erkennt, dass sie wieder das tun muss, was sie selbst will, und nicht, was die anderen in der Clique von ihr erwarten. Dieser Wandel Elfies lässt sich somit auch in der Sprache erkennen.

Übung 19

1. auf keine Kuhhaut gehen:
   zu viel sein/unmöglich sein

2. auf der Hut sein:
   sich in Acht nehmen/sich vorsehen

3. wie ein begossener Pudel dastehen:
   nicht wissen, wie einem geschieht/völlig überrascht sein/verzweifelt sein

4. sich ein Bein ausreißen:
   sich sehr anstrengen/alles tun

5. in den Boden versinken:
   sich schämen

6. ein X für ein U vormachen:
   täuschen/hinters Licht führen

7. fünfe gerade sein lassen:
   nachsichtig sein/etwas nicht so genau nehmen

Übung 20

Wer ist betroffen? ältere Schülerinnen und Schüler
Was ist von Bedeutung? arbeiten (Ferienjob)
Wo? in einem Betrieb
Wann? in den Ferien
Welche Vorteile? Geld verdienen, Erfahrung sammeln
Welche Nachteile? schwierig, Job zu finden, Arbeiten ist mühevoll, wenig Freizeit, Treffen mit Freunden nur am Wochenende möglich, kein Urlaub
Warum? sich Wünsche erfüllen können, etwas kaufen können
Welche Folgen? nicht erholt ins neue Schuljahr gehen, aber: Geld haben, wichtige Erfahrungen zum Berufsalltag gesammelt haben

Übung 21

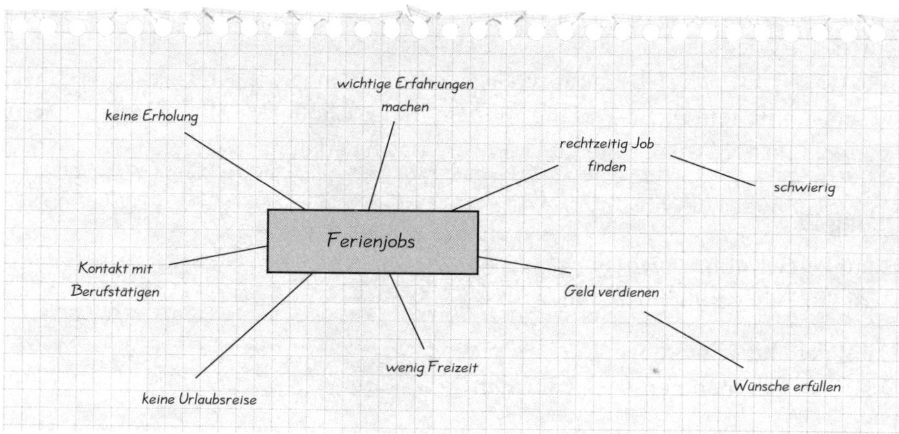

Übung 22

Gegen einen Ferienjob spricht:
- keine Urlaubsreise möglich
- wenig Freizeit
- keine Erholung
- schwierig, Job zu finden

Für einen Ferienjob spricht:
- Kontakt mit Berufstätigen
- wichtige Erfahrungen machen
- Geld verdienen → Wünsche erfüllen

Übung 23

Helga M. Novak: Schlittenfahren – Inhaltsangabe

1. Antworten auf die **W-Fragen**:

   Wer? zwei Kinder (Geschwister), eines der Kinder, ein Junge, ist noch sehr klein (kann noch nicht sprechen), Vater der Kinder

   Wo? im Garten, durch den ein Bach fließt

   Wann? im Winter, es liegt Schnee

   Was? Die Kinder spielen mit dem Schlitten; das kleine Kind fällt in den Bach.

2. **Einleitender Satz**:
   Die Kurzgeschichte „Schlittenfahren“ von Helga M. Novak erzählt, wie eines von zwei Geschwistern beim winterlichen Spiel mit dem Schlitten verunglückt, indem es beim Rodeln in einen Bach stürzt.

3. **Hauptteil**:
   Die Geschwister haben zu zweit nur einen Schlitten zur Verfügung. Da jedes von ihnen allein rodeln will, geraten sie immer wieder in Streit. Das jüngere Kind, das noch nicht sprechen kann, äußert seinen Unmut mit Weinen und Schreien. Immer wenn aus dem Garten Geschrei zu hören ist, tritt der Vater der beiden vor die Haustür und ermahnt sie, ruhig zu sein. Andernfalls, so droht er, müssten sie ins Haus kommen. Allerdings macht er seine Drohungen nicht wahr. Als das ältere Kind den Vater schließlich um Hilfe ruft, weil sein jüngerer Bruder in den Bach gefallen ist, wiederholt er lediglich seine Drohung, in der Annahme, die beiden seien wieder in Streit geraten. Er hat nicht verstanden, dass sich sein kleiner Sohn in Lebensgefahr befindet.

4. **Schlusssatz**:
   Der Ablauf des Geschehens zeigt, dass der Vater kein Interesse an seinen Kindern hat; sie sind ihm anscheinend vollkommen gleichgültig.

Übung 24

Stofffordnung (Gliederung)

Einleitung: Werbung und der Wunsch nach Markenartikeln beeinflusst das Kaufverhalten von Jugendlichen.

Hauptteil: Jugendliche können zu einem verantwortungsvollen Umgang mit Geld angeleitet werden (grundsätzliche Behauptung).

1. Die Eltern müssen für ihre Kinder ein Vorbild sein.
2. Die Schulen müssen Jugendlichen Möglichkeiten aufzeigen, wie sie mit Geld richtig umgehen.
3. Jugendliche müssen selbst erkennen, wie schwer es ist, Geld zu verdienen.

Schluss: Ich stimme der Meinung von Peter Hahne zu: Jugendliche können zum verantwortungsvollen Umgang mit Geld angeleitet werden.

Einleitung
Feststellung des Autors

Immer wieder lässt sich beobachten, dass Jugendliche Probleme haben, mit ihrem Geld verantwortungsvoll umzugehen. Gerade der starke Einfluss der Werbung oder der Wunsch nach ganz bestimmten Markenartikeln, wie den Turnschuhen von „Puma“ oder der Trainingshose von „Adidas“ hat nicht unbedingt einen positiven Einfluss auf diese Entwicklung. Im Folgenden soll nun begründet werden, warum es trotzdem möglich ist, Jugendliche zu einem verantwortungsvollen Umgang mit Geld anzuleiten.

Hauptteil

In seinem Text „Über die Schulden der Jungen und die Fehler der Alten“ vertritt der Verfasser Peter Hahne die Auffassung, dass Jugendliche durchaus zu einem verantwortungsvollen Umgang mit Geld angeleitet werden können. Er begründet seine Behauptung damit, dass die Eltern in dieser Hinsicht eine bestimmte Vorbildfunktion übernehmen können. Wer von seinen Eltern lernt, dass nur das gekauft wird, was man sich auch leisten kann, bekommt eine Orientierung für den eigenen Umgang mit Geld.

Argument 1
begründende Aussage 1 und Beispiel

Auch die Schule muss den Kindern und Jugendlichen Möglichkeiten an die Hand geben, den richtigen Umgang mit Geld zu lernen. Beispielsweise kann man im Fach Deutsch die Absichten von Werbung kritisch hinterfragen. Oder im Fach Mathematik können die Schüler die Vor- und Nachteile von Ratenzahlung, Kreditaufnahme oder Barzahlung miteinander vergleichen.

Argument 2 begründende Aussage 2 und Beispiel

Neben diesen beiden Argumenten die für eine sinnvolle Anleitung der Jugendlichen im Umgang mit Geld sprechen, sollten junge Menschen aber auch selbstständig erkennen, wie schwer es mitunter ist, Geld zu verdienen. Wer die Erfahrung gemacht hat, dass man mit den paar Euros, die man z. B. beim Zeitungen austragen verdient hat, gleich wieder die letzte Handyrechnung begleichen muss, überlegt sich vielleicht vor dem nächsten Telefonat, ob dieses wirklich notwendig ist. Das selbst verdiente Geld gibt man wohl nicht so leichtfertig aus wie die „geschenkte" Unterstützung aus Mamas oder Papas Geldbeutel.

Argument 3 begründende Aussage 3 und Hauptteil

Betrachtet man diese Argumente in ihrer Gesamtheit, kann abschließend gesagt werden, dass ich der Meinung von Peter Hahne zustimme. Wer nämlich von klein auf lernt, nur das zu kaufen, was er auch bezahlen kann, wird vielleicht in bestimmten Situationen besser widerstehen können, und so nicht in die Schuldenspirale geraten.

Schluss

Übung 25

Gliederung zum Aufruf „Vom Wert des Lesens“

Einleitung: Lesen ist bei Jugendlichen anscheinend nicht mehr „in“.

Hauptteil: Aufruf: Nutze die Klassen- oder Schülerbücherei wieder mehr!

Lesen beflügelt die Fantasie	Lesen verbessert die sprachlichen Leistungen	Wer liest, lernt leichter

Schluss: Die Schülerbücherei bietet für jeden Geschmack etwas, auch für deinen – nutze sie!

Lesen hilft!

In den letzten Jahren ist festzustellen, dass die Ausleihzahlen in unserer Klassenbücherei immer mehr zurückgehen. Wann warst du das letzte Mal in unserer Bibliothek? Wann hast du dein letztes Buch gelesen? Es scheint, als sei Bücherlesen „out“. Dabei bringt Lesen eine Menge Spaß und Vorteile!

Lesen beflügelt die Fantasie. Das ist zwar allgemein bekannt, aber viele halten diese Tatsache für unwichtig. Fantasie ist jedoch eine wesentliche Voraussetzung für deinen Erfolg und dein Vergnügen in der Schule und später einmal im Beruf – und Fantasie kannst und musst du trainieren. Das Lesen ist dabei sicher die angenehmste und spannendste Trainingsmethode.

Lesen verbessert deine sprachlichen Leistungen. Durch Lesen kannst du deine sprachlichen Leistungen verbessern, denn durch häufiges Lesen prägst du dir die Wortbilder und auch Redewendungen besser ein. Hast du das gewusst? So erzielst du im Rechtschreiben und im Aufsatzbereich bessere Ergebnisse. Wenn du also deine Deutschnote verbessern möchtest – und wer möchte das nicht – dann lies wieder häufiger!!

Wer liest, lernt leichter. Wer nämlich fleißig Bücher ausleiht und liest, so hat man festgestellt, lernt auch viel leichter. Lernen ist aber nicht nur für deine nächste Probe oder für dein Zeugnis unbedingt notwendig. Das Wissen in fast allen Berufszweigen verdoppelt sich zur Zeit alle fünf bis zehn Jahre. Wer sich also nicht durch Lesen fit hält, für den wird der Traumberuf wohl ein Traum bleiben.

Diese Gründe sind doch einleuchtend. Deshalb: Nutze die Klassenbücherei. Sie bietet auch für deinen Geschmack etwas, und die Zeit, die du mit einem Buch verbringst, ist wirklich gut genutzt!

Übung 26

Arbeitsplan (Gliederung)

Einleitung: Einige Anmerkungen zum Artikel „Nur Randale und Zoff im Kopf!“ vom 28. November 2004.

Hauptteil: Der Verfasser stellt das Verhalten der Jugendlichen von heute völlig einseitig dar. Ich stimme dieser Meinung nicht zu, denn

nicht alle Jugendlichen sind gewalttätig	nur für wenige Jugendliche haben Gewaltszenen eine Vorbildfunktion	viele Jugendliche haben den Wunsch, einen Beruf zu erlernen (finanzielle Unabhängigkeit)

Schluss: Dieser Artikel wird dem Großteil von Jugendlichen in der heutigen Gesellschaft nicht gerecht.

… (dein Name und deine Adresse)
An das
Städtische Presseblatt

(Ort), 29. November 2004

Sehr geehrte Damen und Herren,
zu Ihrem Artikel „Nur Randale und Zoff im Kopf“ vom 28. November 2004 möchte ich einige Anmerkungen machen.
Sie beschreiben die Jugendlichen von heute als Menschen, die „nur Randale und Zoff im Kopf“ haben. Ich möchte dazu sagen, dass der Verfasser die Jugendlichen völlig einseitig darstellt. Der Text enthält ausschließlich negative Aussagen, denen ich mich nicht anschließen möchte. Zwar gibt es leider einzelne Jugendliche, die sich an Schlägereien beteiligen oder Telefonzellen zerstören. Der Verfasser des Textes ist aber nicht objektiv, wenn er seine Beispiele auf alle Jugendlichen überträgt, ohne Unterschiede zu machen.
Es gibt sehr viele Jugendliche, die ohne Gewalt auskommen, sich in ihrer Freizeit sinnvoll beschäftigen und Verantwortung im Verein oder einer Jugendgruppe zeigen. Sicher sehen viele Jugendliche Gewaltdarstellungen im Fernsehen. Das heißt aber nicht, dass sie sich ein Vorbild daran nehmen. Der Verfasser des Textes unterstellt den Jugendlichen auch, dass sie es darauf anlegen, den Eltern auf der Tasche zu liegen. Für sehr viele Jugendliche gibt es aber kein größeres Ziel, als einen Beruf zu haben und finanziell auf eigenen Beinen zu stehen.

Der Artikel in Ihrer Zeitung ist daher meiner Meinung nach wenig geeignet, der Jugend in der heutigen Gesellschaft gerecht zu werden.

Mit freundlichen Grüßen
... (dein Name)

Übung 27

... (dein Name und deine Adresse)
Bild am Sonntag
zu Händen Herrn Peter Hahne

(Ort), 30. Januar 2001

Sehr geehrter Herr Hahne,
mit Interesse habe ich Ihren Artikel „Über die Schulden der Jungen und die Fehler der Alten“ gelesen. Besonders beeindruckt hat mich das Zitat des TV-Moderators Johannes B. Kerner aus einem Interview zum Thema Kindererziehung, zu dem ich hier Stellung nehmen möchte.
Der TV-Moderator stellt in dem von Ihnen zitierten Interview klar, dass er bei der Erziehung seiner Tochter „eine gewisse Strenge walten“ lasse. Er begründet das mit der Verpflichtung der Eltern, ihre „Kinder fürs Leben fit zu machen“
Während Sie ihm recht geben, trifft „JBK“ im Interview auf Widerspruch: Der Reporter kommentiert eine solche Erziehung als „ziemlich autoritär“.
Dem kann ich nicht zustimmen. Ich möchte mich also Ihnen und „JBK“ anschließen. Denn er hat recht, wenn er die Erziehung eine „Verpflichtung“ nennt. Auch stimmt es, dass Eltern ihren Kindern Grenzen setzen müssen. Diskussionen, die für Kind und Eltern lehrreich sein können, schließt er dadurch ja nicht aus.
Auch das Ziel der Charakterstärke zeigt, dass hier die Aufgabe der Eltern sehr ernst genommen wird. Im Zusammenhang mit dem leichtsinnigen Schuldenmachen bedeutet Charakterstärke nämlich, dass man sich gegen den Gruppenzwang, gegen den Markendruck und gegen die Sucht, immer das Neueste haben zu müssen, wehren kann. Meine Eltern haben mir auf diesem Wege einiges mitgegeben. Es gab zwar deswegen etliche Reibereien, aber ich habe dadurch einen eigenen Standpunkt gewonnen.
Ich finde es daher erfreulich, wenn ein Prominenter wie „JBK“ seine Meinung so klar vertritt. Das gibt mir Mut.

Mit freundlichen Grüßen
... (dein Name)

Übung 28

... (dein Name und deine Adresse)

Fa. Music-Shop
Hauptstraße 8
80867 München

17. August 2006

Reklamation des gelieferten Design MP3-Players
Rechnungsnummer: 2006/1975BF

Sehr geehrte Damen und Herren,
aufgrund Ihrer Anzeige im „Stadtspiegel“ vom 8. August habe ich mir Ihren Design MP3-Player gekauft. Das Gerät entspricht aber nicht meinen Vorstellungen. Auch weist es Mängel in der Bedienung auf.
Schon beim Auspacken musste ich feststellen, dass etwas nicht stimmt: Statt in Schwarz wurde mir das Gerät in Silbergrau geliefert. Das hätte ich vielleicht noch hingenommen. Aber bei der Inbetriebnahme zeigte sich außerdem, dass die Fernbedienung nicht funktioniert. Das ist ein klarer Mangel! Hinzu kommt, dass der auf der Rechnung ausgewiesene Betrag nicht mit Ihrem Angebot übereinstimmt: Statt 89,98 Euro verlangen Sie 99,98 Euro.
Damit bin ich nicht einverstanden. Ich schicke Ihnen daher das Gerät zurück und fordere Sie auf, mir unverzüglich ein Gerät zuzusenden, das meinen Vorstellungen – und Ihrem Angebot! – entspricht. Es versteht sich von selbst, dass ich auch nur bereit bin, den in der Anzeige genannten Betrag von 89,98 Euro zu zahlen.
Sollten Sie meine Erwartungen nicht innerhalb von 14 Tagen erfüllen, werde ich vom Kaufvertrag zurücktreten.

Mit freundlichen Grüßen
... (dein Name)

Übung 29

Arbeitsschritt 1: Untersuchung der Aufgabenstellung
Auf deutschen Autobahnen gibt es keine Geschwindigkeitsbegrenzung, wie das in anderen Ländern der Fall ist. Bei dieser Aufgabe soll diskutiert werden, ob es sinnvoll ist, auf deutschen Autobahnen eine Höchstgeschwindigkeit von 130 Stundenkilometern einzuführen.

Arbeitsschritt 2: Stoffsammlung

- **Welche Vorteile** und **Nachteile** könnte es geben?

Mögliche Nachteile:

- Verlängerung der Fahrzeiten
- Starker Rückgang des Absatzes von Sportwägen für die Automobilindustrie
- Verlust von individueller Freiheit und der Faszination von Geschwindigkeit

Mögliche Vorteile:

- Weniger starke Belastung der Umwelt
- Verminderter Kraftstoffverbrauch
- Fahrt auf der Autobahn wird sicherer

Arbeitsschritt 3: Arbeitsplan/Gliederung

Einleitung: In Deutschland gibt es unterschiedliche Meinungen zum Thema „130 Stundenkilometer als Höchstgeschwindigkeit auf deutschen Autobahnen"

Hauptteil: **I.** Tempo 130 als Höchstgeschwindigkeit auf deutschen Autobahnen hat Nachteile.

Verlängerung der Fahrzeiten	Absatzrückgang von Sportwagen (Industrie)	Verlust von individueller Freiheit und der Faszination von Geschwindigkeit

II. Tempo 130 als Höchstgeschwindigkeit auf deutschen Autobahnen bringt viele Vorteile mit sich.

Verringerung der Umweltbelastung	Verminderter Kraftstoffverbrauch	Das Fahren auf Autobahnen wird sicherer

III. Meine Meinung: Tempo 130 auf deutschen Autobahnen würde genügen.

weniger starke Umweltbelastung	verringerter Kraftstoffverbrauch	sicheres Fahren auf deutschen Autobahnen

Schluss: Modell aus Österreich oder Italien (130 Stundenkilometer auf Autobahnen) wird über kurz oder lang vermutlich auch in Deutschland eingeführt.

Arbeitsschritt 4: Die Einleitung schreiben

Einleitung

Ausländische Autofreaks jubeln, wenn sie im Unterschied zu ihren Heimatländern mit 250 Stundenkilometern und mehr über deutsche Autobahnen jagen. In Deutschland selber scheiden sich hier seit einiger Zeit die Geister, angesichts der oftmals chaotischen Verkehrsverhältnisse und nicht zuletzt auch wegen der Raserei. Dieses brisante Thema der Höchstgeschwindigkeit auf deutschen Autobahnen ist der Gegenstand dieser Erörterung.

Themafrage

Soll auf unseren Autobahnen die Devise weiterhin lauten: „Alles ist erlaubt“ oder sollte die Geschwindigkeit auf 130 km/h begrenzt werden. Das ist die Frage, die in den Medien seit Jahren immer wieder stark diskutiert wird.

Arbeitsschritt 5: Den Hauptteil schreiben

Behauptung „gegen“

Zunächst sollen die Befürworter des Geschwindigkeitsrausches zu Wort kommen. Sie behaupten, eine Reduzierung auf 130 Stundenkilometer ist nicht sinnvoll.

Argument 1 begründende Aussage 1 und Beispiel

Ein Argument, das oft von Berufspendlern genannt wird, ist die Tatsache, dass sich die Fahrtzeiten erheblich verlängern würden. Wertvolle Freizeit würde für viele Arbeitnehmer so im wahrsten Sinne des Wortes auf der Strecke bleiben.

Argument 2 begründende Aussage 2 und Beispiel

Ein weiteres Argument liefert die Automobilindustrie: Wenn in Deutschland keine Spitzengeschwindigkeiten mehr gefahren werden dürften, dann würde vermutlich der Absatz von Sportwagen rasch zurückgehen. Dies wiederum hätte Auswirkungen auf die Arbeitsplätze in unserem Land, die zu einem großen Teil von Autogiganten wie VW gestellt werden.

Argument 3 begründende Aussage 3 und Beispiel

Schließlich meldet sich zu diesem Thema auch regelmäßig der ADAC, der Interessensverband der deutschen Autofahrer, zu Wort. Er befürchtet den Verlust der individuellen Freiheit und der Faszination der Geschwindigkeit. Der mündige Bürger solle selber entscheiden, wie schnell er fahren wolle. Als Beispiel wird oft angeführt, dass sich chinesische Neureiche nach Deutschland einfliegen lassen und sich ein deutsches Luxusauto mieten, um dann auf den Autobahnen ihren Geschwindigkeitsdrang auszuleben: ein Hochgeschwindigkeitsurlaub auf der Autobahn.

Behauptung „für"

Sicherlich wird durch ein Tempolimit auf deutschen Autobahnen ein Teil der persönlichen Freiheit des Autofahrers eingeschränkt, eine Freiheit, die die Werbung im Automobilbereich immer wieder anpreist. Aber muss dieser Verlust angesichts der zahlreichen Vorteile, die Tempo 130 mit sich bringen würde, nicht in Kauf genommen werden? Trotz der oben genannten Argumente gegen eine Geschwindigkeitsbegrenzung vertreten viele Menschen die entgegengesetzte Auffassung: Tempo 130 auf Autobahnen stellt eine Notwendigkeit dar.

Argument 1 begründende Aussage 1 und Beispiel

Wer wird denn bezweifeln, dass nicht die Umwelt erheblich von dieser Regelung profitieren würde. Die Belastungen durch Lärm und Abgase, denen sowohl der Mensch als auch die Tier- und Pflanzenwelt ausgesetzt sind, führen oft zu deutlichen Beeinträchtigungen der Lebensqualität, wenn nicht gar zu Krankheiten. Häufig wurde in verkehrsreichen Gebieten eine Zunahme von aggressivem Verhalten, erzeugt durch Lärm, oder sogar eine Zunahme von Bronchialerkrankungen, hervorgerufen durch Abgase, konstatiert. Sicherlich ist es unter Berücksichtigung dieser Sachlage ein absolutes Muss, durch eine Geschwindigkeitsbegrenzung die Lärm- und Abgasbelastung drastisch zu senken. Das Beispiel der Brennerautobahn, die in Südtirol teilweise nur mit Tempo 110 befahren werden darf, zeigt, dass trotz einer immensen Verkehrsbelastung die Lebensqualität der Anwohner aufgrund der relativ niedrigen Geschwindigkeit erhalten werden kann.

Argument 2 begründende Aussage 2 und Beispiel

Neben der geringeren Umweltbelastung lässt sich als weiteres, noch gewichtigeres Argument für eine Geschwindigkeitsreduzierung der persönliche Nutzen für den Autofahrer ins Feld führen. Dabei spielen wirtschaftliche Aspekte eine wesentliche Rolle. Fährt man über längere Zeit eine sehr hohe Geschwindigkeit, so steigt der Kraftstoffverbrauch erheblich an. Ein Rechenbeispiel soll dies vor Augen führen. Ein tägliche Fahrt von etwa 100 km zum Arbeitsplatz mit Tempo 130 bringt im Vergleich zur selben Fahrt bei Tempo 200 eine Kraftstoffersparnis von ungefähr 2 Litern pro Tag, d. h. etwa 2,60 € mehr im Geldbeutel. Im Monat spart man sich etwa 50 €, im Jahr etwa 500 €. Ist das nicht ein schlagkräftiges Argument gegen das Rasen?

Argument 3 begründende Aussage 3 und Beispiel

Das letzte und wichtigste Argument für Tempo 130 stellt aber wohl die Tatsache dar, dass das Leben auf den Autobahnen viel entspannter, gelassener und vor allem auch sicherer wird. Wer im Ausland, etwa in Österreich und Italien, die Autobahnen benutzt, merkt sehr schnell, dass man dort im Gegensatz zu Deutschland viel beruhigter überholen kann, weil man nicht befürchten muss, dass wie aus dem Nichts ein Phantom mit 200 Sachen angebraust kommt. Sehr viele Auffahrunfälle und sehr viele Verkehrsunfälle mit tödlichem Ausgang könnten so leicht vermieden werden. Das Heimfahren zum Start ins Wochenende wäre dann wieder eine Freude und nicht ein „Kampf ums Dasein".

Eigene Meinung: Zusammenfassung

Betrachtet man alle oben genannten Argumente, insbesondere den Aspekt der Wirtschaftlichkeit und den Aspekt der Sicherheit, und wägt diese gegeneinander ab, so muss man wohl zu dem Ergebnis kommen, dass Tempo 130 auf den deutschen Autobahnen längst überfällig ist.

Arbeitsschritt 6: Ein Ergebnis formulieren (Schluss)

Schluss

Die Argumente für den Rausch der Geschwindigkeit müssen zwar akzeptiert werden, aber sie können wohl bei weitem nicht verhindern, dass über kurz oder lang das österreichische oder italienische Modell auch bei uns eingeführt werden wird.

Übung 30

Liebe Eltern,

Einstieg: Anlass

es tut mir leid, dass ich euch einen solchen Kummer bereitet habe. Ich weiß, dass es nicht richtig war, wegzulaufen. Aber vielleicht könnt ihr mich ja doch verstehen, wenn ich euch erkläre, was in mir vorgegangen ist.

Aussagen formulieren und Begründung der Aussagen

Wie ihr wisst, hat es Zeugnisse gegeben. Eigentlich war mein Zeugnis gar nicht so schlecht. Aber ich wusste genau, dass ihr mehr erwartet hattet. „Warum hast du bloß eine Vier in Mathematik?“ Ich konnte es im Voraus hören, dass diese Frage kommen würde. Und ich wusste auch, was noch passieren würde: vier Wochen Hausarrest und Fernsehverbot! „Du sitzt jetzt nachmittags am Schreibtisch und arbeitest für die Schule!“ Das wäre eure Forderung gewesen. Ich habe das einfach nicht mehr ausgehalten.

Es ist schon so oft vorgekommen, dass ihr euch über meine Leistungen in der Schule aufgeregt habt und dass ihr mich zur Strafe zu Hause eingesperrt habt. Und was war das Ergebnis? Sind meine Leistungen dadurch besser geworden? Eben nicht!

Wenn ihr mich so unter Druck setzt, habe ich nur noch mehr Angst, zu versagen. Warum zeigt ihr nicht mehr Verständnis? Ich bin nun mal nicht Klassenbester und werde es auch nie sein. Aber meine Noten sind doch gar nicht so schlecht. Jedenfalls bin ich noch nie sitzen geblieben.

„Ausstieg“

Bitte lasst mich selbst entscheiden, wie viel ich für die Schule arbeite! Ich möchte doch auch ein bisschen Freizeit haben und mein Leben genießen. Vielleicht werden meine Leistungen ja sogar besser, wenn ihr aufhört, mich dauernd zu drängen und zu ermahnen.

Ich hoffe sehr, dass ihr mich ein wenig versteht. Am meisten wünsche ich mir jetzt aber, dass wir uns wieder vertragen.

Viele Grüße
euer Manuel

Übung 31

Eintrag vom Donnerstag, 20. September

Gründe für Gedanken

Ich war ganz knapp davor, eine Riesendummheit zu begehen. Ich wage nicht mir auszumalen, was passiert wäre, wenn ich den Walkman gestohlen hätte und dabei erwischt worden wäre ...

Hoffnungen und Erwartungen

Nachdem ich mich mit Nico zerstritten hatte, fühlte ich mich ziemlich alleine gelassen. Da kam mir die Gruppe von Bettina gerade recht. Ich habe sie schon immer ein bisschen bewundert – vor allem wegen ihrer Klamotten. Als ich dahinter kam, dass sie die Sachen stehlen, war ich zuerst geschockt. Aber ich wollte eben zu ihnen gehören, damit ich wieder Freunde habe. Mit Nico hatte ich ja Streit.

Ich weiß nicht, wie ich überhaupt dazu kam, den Walkman stehlen zu wollen. Das ist doch sonst nicht meine Art.

Konsequenzen

Ich bin so froh, dass ich diese Grenze nicht überschritten habe. Auch wenn der Diebstahl vielleicht gut gegangen wäre, denn es hat mich ja anscheinend niemand beobachtet. Aber dann wäre ich ein Dieb und müsste ständig ein schlechtes Gewissen mit mir herumtragen!

Ich kann mir schon vorstellen, wie mich Tom, Orhan, Bettina und Leo morgen auf dem Schulhof „begrüßen“ werden. Meine Entscheidung aber war richtig. Lieber spare ich mein Taschengeld für einen neuen Walkman ein paar Monate lang als in Kaufhäusern auf Diebestour zu gehen. Und auf solche Freunde kann ich auch verzichten.

Übung 32

Ich war gerade auf dem Weg ins Büro, als ich am Ortseingang ein Auto mit ziemlich hoher Geschwindigkeit herankommen sah. Als ich der auf Höhe der Bushaltestelle war, passierte es: Ich rief noch: „Vorsicht!" Doch ich konnte nichts mehr machen. Ein Fußgänger überquerte die Straße. Reifen quietschten. Das Fahrzeug aber kam nicht zum Stehen. Es erfasste den Fußgänger, noch bevor dieser den Gehsteig erreichen konnte. Der Fußgänger wurde zu Boden geschleudert. Er blieb regungslos liegen. Ich dachte, dass der Fahrer aussteigen würde. Doch zu meiner großen Verwunderung hielt er nicht einmal an, sondern gab Gas und fuhr weiter. Ich war wie gelähmt. Trotzdem lief ich zu dem Verletzten. Er lebte – Gott sei Dank! Über Handy rief ich den Rettungswagen. In der Aufregung hatte ich mir die Autonummer nicht angesehen. Es war ein größerer dunkelblauer Wagen, der durch den Aufprall mit Sicherheit vorne beschädigt ist. Vielleicht reichen diese Informationen ja aus, dass der Fahrer von der Polizei ausfindig gemacht werden kann?

Übung 33

1. Cluster

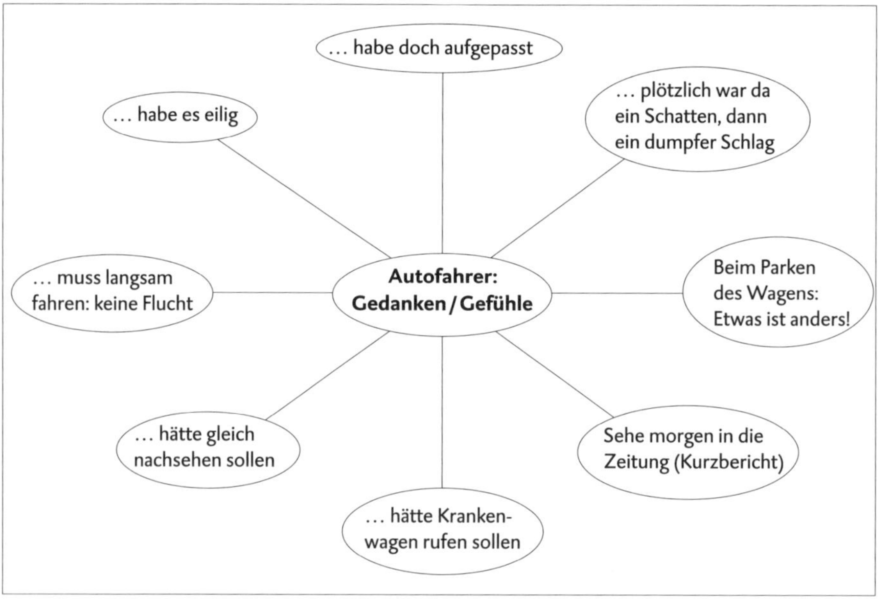

2. Was sollte ich machen? Ich hatte doch aufgepasst. Aber keine Chance. Da war plötzlich der Schatten auf der Straße – dann ein dumpfer Schlag. Bestimmt ist er längst wieder aufgestanden. Jemand wird ihm doch helfen – ich kann es jedenfalls nicht. Bin ohnehin schon zu spät! Ich hätte gleich aussteigen müssen. 100 – 90 – 80 – 70 km ... schön vorsichtig fahren, damit es nicht wie eine Flucht aussieht. Flucht? Was kann ich dafür, wenn der Fußgänger nicht aufgepasst hat? War wohl mit den Gedanken ganz woanders ... Ah, da vorne das Ortsschild. Endlich! Diese Fahrt kam mir wie Stunden vor. Und ich bin nur dreißig Kilometer vom Unfallort ... Tatort ... Fluchtort? ... Wenn ich jetzt anhalte und nachsehe, ob der Wagen beschädigt ist? Nein – das fällt auf. Das kann ich in ein paar Minuten in der Tiefgarage nachholen – ganz vorsichtig schauen ... mir eine Ausrede überlegen. Bestimmt ist der Fußgänger längst zu Hause – schlimmstenfalls hat jemand den Rettungswagen gerufen ... Werde jedenfalls gleich morgen früh die Zeitung studieren ... bei den Kurzberichten. Da stehen immer die Unfälle und Überfälle und alle möglichen Vorkommnisse. Am besten jetzt ganz souverän in die Tiefgarage! Mir ist, als ob mich die Autos vorwurfsvoll anschauen ... Unsinn! Das bilde ich mir ein. Die stehen wie immer ... Und auch ich parke meinen Wagen wie immer – doch irgendetwas ist anders ...

Übung 34

VATER *(nicht unfreundlich)*: Manuel, kommst du mal?

MANUEL: Ja ...?

VATER: Ich habe gerade deinen Brief gelesen.

MANUEL *(hoffnungsvoll)*: Und ...?

VATER: Ja, weißt du, ich möchte dich eigentlich um Entschuldigung bitten. Es war wohl nicht richtig, dass ich so mit dir geschimpft habe ...

MANUEL: Ich hatte gehofft, ihr würdet euch darüber freuen, dass ich wieder zurückgekommen bin.

MUTTER *(schnell)*: Das haben wir ja auch getan!

VATER: Wir haben aber wohl doch ein bisschen zu heftig reagiert.

MUTTER *(zu Manuel)*: Aber du musst auch verstehen, dass wir uns große Sorgen um dich gemacht haben. Ich konnte die ganze Nacht kein Auge zutun. Ich war mit den Nerven völlig am Ende.

VATER: Ich denke, wir sollten die Vergangenheit jetzt ruhen lassen! Lasst uns lieber darüber nachdenken, wie es weitergehen soll.

VATER *(zu Manuel)*: Du sagst also, du fühlst dich durch uns unter Druck gesetzt?

Manuel: Ja, und ich finde das auch ungerecht von euch. Merkt ihr denn nicht, dass ich genug für die Schule arbeite? Ich bin nun mal kein Überflieger!

Vater *(beschwichtigend)*: Das erwarten wir ja auch gar nicht von dir!

Mutter: Aber du musst auch verstehen, dass wir nur das Beste für dich wollen. Die Situation auf dem Lehrstellenmarkt ist eben schlecht genug, und …

Vater: Ach, nun lass doch den Jungen!

Manuel *(kleinlaut)*: Ich weiß doch selber, dass ich ein gutes Abschlusszeugnis brauche …

Vater *(einlenkend)*: Was hältst du davon, wenn wir mal vier Wochen lang versuchen, gar nicht von der Schule zu reden?

Manuel: Oh, das wäre toll! Ihr werden sehen, dass ich meine Hausaufgaben trotzdem immer mache. Ach, ein Glück! Ich wusste doch, dass ihr mich verstehen würdet.

Übung 35

1. **Arbeitsplan**

↓	• Bahnsteig: Manuel läuft an den Bahnsteigen entlang → Rückfahrt nach Hause: in 30 Minuten • Problem: er hat kein Geld für ein Rückfahrtticket
Ende der Geschichte:	• sein Entschluss: Manuel erzählt dem Fahrkartenverkäufer seine Geschichte

2. **Fortsetzung des Textes**

Zögernd ging Manuel an den einzelnen Bahnsteigen vorbei. An der Fahrplanübersicht blieb er stehen. Um 13.30 Uhr fuhr der nächste Zug zurück, das wäre in einer halben Stunde. Aber so einfach war die Sache doch nicht. Schließlich hatte er wieder kein Geld für die Fahrkarte, und wenn dann der Fahrkartenkontrolleur käme, würde er aus dem Zug fliegen. Jedenfalls würde er an der nächsten Station aussteigen müssen. Was dann? Gab es keinen anderen Weg? Manuel war allmählich überzeugt davon, dass es wirklich am besten wäre, nach Hause zurückzukehren. Er war sich nur nicht sicher, wie er vorgehen sollte. „Wahrscheinlich ist es am besten, wenn ich ehrlich bin“, sagte er sich schließlich. Er gab sich einen Ruck und ging zum Fahrkartenschalter. Etwas kleinlaut sagte er: „Ich möchte nach Hause zurück. Ich habe aber kein Geld für eine Fahrkarte …“ Und dann fing er an, dem Fahrkartenverkäufer seine Geschichte zu erzählen …

Übung 36

„Die Entwicklung zur Demokratie macht weltweit Fortschritte!“ Immer wieder hörte man solche Worte, nicht nur im Fernsehen. Eine Chance für den Frieden sei das, hieß es dann immer. Aber im gleichen Atemzug war doch wieder die Rede vom Kampf – vom „Kampf gegen den Terror“.

Tim fand das Gerede vom Frieden verlogen. Er fand es auch deshalb verlogen, weil er sah, was um ihn herum geschah. Seit Jahrzehnten herrschte in Deutschland Demokratie. Aber herrschte auch Frieden?

Eigentlich war man nirgends richtig sicher, nicht einmal in der Schule. In den Pausen kam es regelmäßig zu Rangeleien zwischen Schülergruppen. Manchmal gingen sechs Leute auf einen Einzigen los.

Sogar in der Klasse war die Atmosphäre gespannt, jedenfalls, seit Daniel da war. Anfang des Schuljahres war er in die 9 c gekommen. Eigentlich war es, als wäre er gar nicht da. Die anderen behandelten ihn jedenfalls wie Luft. Betrat Daniel den Klassenraum, hörten alle auf zu reden. Als dürfte er nicht hören, wovon sie sprachen. Aber Daniel verstand doch, was sie meinten: „Du gehörst nicht zu uns. Du trägst keine Markenklamotten.“ Das meinten sie. Eine friedliche Stimmung war das jedenfalls nicht, auch nicht für die anderen. Es herrschte eine Art Markenterror. Wer das falsche Label trug, wurde ausgegrenzt.

Tim wusste sehr wohl, dass das nicht in Ordnung war, nicht nur wegen Daniel. Eigentlich standen nämlich alle unter Druck. Trotzdem hatte auch er geschwiegen – bis er eine Idee hatte …

Am Tag darauf ließ er seine Markenklamotten im Schrank und Uli und Marc taten es auch. Sie kamen einfach in Discountersachen in die Schule. Tim hatte die beiden überreden können. Natürlich höhnten einige, als sie den Klassenraum betraten. „Was ist denn mit euch los?“, lästerten sie. „Wieso – was soll denn los sein?“, gab Tim zurück. Als sie stirnrunzelnd auf seine Kleidung schauten, meinte er bloß trocken: „Glaubt ihr etwa, wir machen Werbung für teure Marken? Wir sind doch nicht blöd!“

In der Pause gingen sie zusammen mit Daniel in die Cafeteria. Jetzt waren sie schon zu Viert. „So kann’s gehen!“, dachte Tim. Und er fand, dass dies ein Durchbruch war und sich die Stimmung seitdem sehr gebessert hatte.

Übung 37

Veränderbare Wortarten

Nomen	Verben	Adjektive	Artikel	Pronomen	Zahlwörter
Fenster	gähnen	hohl	das	er	neun
Auge	flimmern	dunkel	ein	jemand	viele/viel
Mann	merken	krumm	der	du	alles
Korb	blinzeln	klein		ich	halb
Abend	schwenken	traurig		euer	
Sonne	aufpassen	alt		sie	
Erde	schlafen	leise		mein	
Fuß	rauchen	mutig			
Schutt	absetzen	zaghaft			
	gewinnen				
	zuklappen				
	rufen				
	wissen				
	hören				
	essen				
	stimmen				
	anfassen				

Nicht veränderbare Wortarten

Präpositionen	Konjunktionen	Adverbien	Partikel
zwischen	dass	immer	überhaupt
auf	und	nachts	ziemlich
an	aber	oben	ganz
von	oder	plötzlich	nämlich
mit			

Übung 38

1. Das hohle Fenster in der vereinsamten Mauer gähnte blaurot voll früher Abendsonne. Staubgewölke flimmerte zwischen den steil gereckten Schornsteinen. Die Schuttwüste döste.
   Er hatte die Augen zu. Mit einmal wurde es noch dunkler. Er merkte, dass jemand gekommen war und nun vor ihm stand, dunkel, leise. Jetzt haben sie mich! dachte er. Aber als er ein bisschen blinzelte, sah er nur zwei etwas ärmlich behoste Beine. Die standen ziemlich krumm vor ihm, dass er zwischen ihnen hindurch sehen konnte. Er riskierte ein kleines Geblinzel an den Hosenbeinen hoch und erkannte einen älteren Mann. Der hatte ein Messer und einen Korb in der Hand. Und etwas Erde an den Fingerspitzen. [...]

2. Die Stimmung ist eher:
   - ☐ neutral
   - ☐ positiv
   - ☒ negativ

Übung 39

1. Ich will mal versuchen, rief der Mann schon im Weggehen, aber du musst hier solange warten. Ich gehe dann mit dir nach Hause, weißt du? Ich muss deinem Vater doch sagen, wie so ein Kaninchenstall gebaut wird. Denn das müsst ihr ja wissen.
   Ja, rief Jürgen, ich warte. Ich muss ja noch aufpassen, bis es dunkel wird. Ich warte bestimmt. Und er rief: Wir haben auch noch Bretter zu Hause. Kistenbretter, rief er.
   Aber das hörte der Mann schon nicht mehr. Er lief mit seinen krummen Beinen auf die Sonne zu. Die war schon rot vom Abend und Jürgen konnte sehen, wie sie durch die Beine hindurchschien, so krumm waren sie. Und der Korb schwenkte aufgeregt hin und her. Kaninchenfutter war da drin. Grünes Kaninchenfutter, das war etwas grau vom Schutt.

2. Die Stimmung ist eher:

☐ ruhig, unbewegt	oder	☒ bewegt
☐ leise	oder	☒ laut

Übung 40

1. Terrorist – Widerstandskämpfer
2. Essen – Fraß
3. Hütte – Baracke
4. Köter – Hund
5. Schwätzer – Redner
6. Schnelligkeit – Hast
7. Tollpatsch – Nichtsnutz
8. Komplize – Mitarbeiter
9. Antragsteller – Schnorrer
10. Hinterhalt – Versteck.

Übung 41

1.

Paula	**kämmt**	ihre Haare .		
Der Postbote	**bringt**	das Paket .		
Der Schüler	**verstaut**	seine Bücher	im Rucksack .	
Robert	**überreicht**	seinem Vater	ein Geschenk .	
Unser Chef	**verdient**	viel Geld .		

2.

Paula	**kämmt**	ihre Haare	mit Sorgfalt .	
Der Postbote	**bringt**	das Paket	gegen Mittag .	
Der Schüler	**verstaut**	seine Bücher	im Rucksack	mit Sorgfalt .
Robert	**überreicht**	seinem Vater	ein Geschenk	zum Geburtstag .
Unser Chef	**verdient**	viel Geld	im Jahr .	

Anmerkung: Bei jeden Satz kannst du noch weitere Satzglieder ergänzen (z. B. „Paula kämmt ihre Haare täglich über eine Stunde lang mit einer roten Bürste.“). Doch diese Satzglieder sind nicht unbedingt notwendig, damit du einen vollständigen Satz erhältst.

3. a) Die Roboterfrau Grace hat ganz besondere Eigenschaften. (Kein Satzglied darf entfallen.)

b) Sie kann ~~mithilfe eines Sprachprogramms~~ Menschen ansprechen.

c) Sie fragt sie ~~mit ihrer blechernen Stimme nach dem Weg~~.

d) Sie bekommt ~~dann von ihnen~~ ihre Anweisungen.

e) Sie macht sich ~~danach immer gleich zügig~~ auf den Weg.

f) Grace bewegt sich ~~sehr schnell vorwärts~~.

g) Sie gewann ~~mit ihrer Schnelligkeit vor einiger Zeit~~ einen Preis ~~in einem Roboterwettbewerb~~.

h) Alle Roboter mussten ~~dort~~ ihre Leistungen zeigen.

i) Grace bewältigte alle Anforderungen ~~in kürzester Zeit mit erstaunlicher Leichtigkeit~~.

j) Sie fand ~~problemlos~~ ihren Weg ~~zur Anmeldung~~.

k) Sie nahm ~~dort ohne Zögern~~ ihr Namensschild ~~in Empfang~~.

l) Sie rollte ~~im zweiten Stock des Hauses~~ in einen großen Saal.

m) ~~Dort~~ hielt sie ~~über sich selbst~~ einen Vortrag. → *Reihenfolge ändert sich*: Sie hielt einen Vortrag.

n) Sie konnte diese Leistungen ~~ohne fremde Hilfe~~ vollbringen.

4.

Der Roboter	bewältigte	problemlos	alle Anforderungen	in kürzester Zeit .
Subjekt	Prädikat	Adverbial	Objekt	Adverbial

Es gibt insgesamt zwölf mögliche Satzstellungen:

Der Roboter	bewältigte	problemlos	alle Anforderungen	in kürzester Zeit.
Der Roboter	bewältigte	problemlos	in kürzester Zeit	alle Anforderungen.
Der Roboter	bewältigte	alle Anforderungen	problemlos	in kürzester Zeit.
Der Roboter	bewältigte	alle Anforderungen	in kürzester Zeit	problemlos.
Der Roboter	bewältigte	in kürzester Zeit	problemlos	alle Anforderungen.
Der Roboter	bewältigte	in kürzester Zeit	alle Anforderungen	problemlos.
Problemlos	bewältigte	der Roboter	alle Anforderungen	in kürzester Zeit.
Problemlos	bewältigte	der Roboter	in kürzester Zeit	alle Anforderungen.
Alle Anforderungen	bewältigte	der Roboter	problemlos	in kürzester Zeit.
Alle Anforderungen	bewältigte	der Roboter	in kürzester Zeit	problemlos.
In kürzester Zeit	bewältigte	der Roboter	alle Anforderungen	problemlos
In kürzester Zeit	bewältigte	der Roboter	problemlos	alle Anforderungen.

5.

Der Roboter	bewältigte	problemlos	alle Anforderungen	in kürzester Zeit.
Der Roboter	bewältigte	problemlos	in kürzester Zeit	alle Anforderungen.
Der Roboter	bewältigte	alle Anforderungen	problemlos	in kürzester Zeit.
Der Roboter	bewältigte	alle Anforderungen	in kürzester Zeit	problemlos.
Der Roboter	bewältigte	in kürzester Zeit	problemlos	alle Anforderungen.
Der Roboter	bewältigte	in kürzester Zeit	alle Anforderungen	problemlos.
Problemlos	bewältigte	der Roboter	alle Anforderungen	in kürzester Zeit.
Problemlos	bewältigte	der Roboter	in kürzester Zeit	alle Anforderungen.
Alle Anforderungen	bewältigte	der Roboter	problemlos	in kürzester Zeit.
Alle Anforderungen	bewältigte	der Roboter	in kürzester Zeit	problemlos.
In kürzester Zeit	bewältigte	der Roboter	alle Anforderungen	problemlos.
In kürzester Zeit	bewältigte	der Roboter	problemlos	alle Anforderungen.

6. Die Betonung liegt immer auf dem Satzglied, das auf Position [1] steht.

Übung 42

Mutter schläft. – Das Baby schreit. – Paul liest.

Übung 43

1. Nina und Sylvia gehen nachmittags oft bummeln, weil sie sich gerne die Schaufenster anschauen.
2. Gestern trafen sie in einem Supermarkt ihren Mathelehrer, als sie Schokolade kaufen wollten.
3. Der Lehrer staunte, da er sie dort nicht vermutet hätte.
4. Die beiden Mädchen finden es lustig, wenn sie einen Lehrer beim Einkaufen treffen.

Übung 44

Jeden Nachmittag | geht | Niko | mit seinen Freunden | zum Training | auf den Fußballplatz.

Jeden Nachmittag	geht	Niko	mit seinen Freunden	zum Training	auf den Fußballplatz.
A	P	S	O	A	A

Übung 45

1. Peter | begann | am Morgen | mit dem Kochen.
2. Den ganzen Vormittag | schwärmte | er | von seinen Kochkünsten.
3. Mittags | sagte | er: | „Ich | freue mich | auf das Essen!“
4. Peter | träumte | noch lange | von dem guten Mittagessen.

Übung 46

Nicole soll eine gute Mathearbeit geschrieben haben.

Übung 47

Die alte Dame öffnete die Tür und begrüßte ihre Gäste.

Übung 48

1. Sonja möchte in den Ferien nach Berlin reisen.
2. Sie will ihre Oma besuchen.
3. Die Oma wird mit ihr am Ku'damm einkaufen gehen.
4. Sonja mag gern bei ihrer Oma sein.
5. Die Oma lässt bei ihr nämlich manches durchgehen.
6. Ihre Eltern würden ihr vieles nicht erlauben.

Übung 49

1. Es regnet im Moment sehr stark**, aber** ich muss leider noch einkaufen gehen. (Gegensatz)
2. Heute Abend bekommen wir Besuch **und** ich brauche noch ein paar Lebensmittel. (Aufzählung)
3. Ich will ein schönes Essen kochen**, denn** meine Gäste sollen sich schließlich wohl fühlen. (Begründung)

Übung 50

1. Die Polizei löste am Sonntagmorgen eine private Feier auf, die auf einem Restaurantschiff **stattfand**.
2. Nachdem es an Bord zu Ruhestörungen und zu Streitereien **gekommen war**, wurden die Beamten von Anwohnern alarmiert.
3. Als zwei Funkwagenbesatzungen bei dem Restaurantschiff **eintrafen**, wurden die Beamten beschimpft.
4. Ein Randalierer warf mit Flaschen um sich, als die Polizisten das Schiff **betraten**.
5. Weil er nicht mit dem Werfen **aufhörte**, wurde er festgenommen.
6. Die Polizisten brachten ihn aufs Revier, wo ihm eine Blutprobe **entnommen wurde**.

Übung 51

1. Die Verkäuferin ärgerte sich noch lange <u>über das Mädchen</u>, **das** vor einer Stunde in den Laden gekommen war.
2. Sie hatte noch niemals erlebt, **dass** <u>ein Kunde ein ganzes Regal umstieß</u>.
3. Es passierte zwar immer wieder mal, **dass** <u>eine Zeitschrift zu Boden fiel</u>.
4. **Dass** man so tollpatschig sein kann wie dieses Mädchen, hätte sie aber nicht gedacht.
5. Sie war wütend <u>über dieses Vorkommnis</u>, **das** ihr so viel Arbeit bereitet hatte.
6. Denn sie musste natürlich <u>das ganze Sortiment</u> wieder einräumen, **das** aus dem Regal gefallen war.
7. **Dass** <u>das Mädchen ihr dabei half</u>, änderte nichts an ihrem Ärger.

Übung 52

1. a) In Singapur müssen Menschen**, die Kaugummis verkaufen,** mit einem Bußgeld von bis zu 1 000 Dollar rechnen.
   b) Kaugummis**, die in Verwaltungsgebäuden unter den Tischen kleben,** sind zu einem ständigen Ärgernis geworden. –
   c) Deshalb werden alle Menschen**, die zur Verbreitung von Kaugummis beitragen,** bestraft.
2. a) Ein Mann**, der schon über siebzig Jahre alt war,** stellte etwas Merkwürdiges fest.
   b) Alle Organe**, die normalerweise auf der linken Seite liegen,** sind bei ihm auf der rechten Seite.
   c) Das wurde bei einer Röntgenuntersuchung**, die routinemäßig vorgenommen wurde,** festgestellt.

Übung 53

1. Es war <u>ein</u> ewiges <u>Hin</u> und <u>Her</u>.
2. Sie ist <u>beim</u> (= bei dem) <u>Laufen</u> gestürzt.
3. Das muss durchgesetzt werden, und zwar <u>ohne</u> <u>Wenn</u> und <u>Aber</u>.
4. Du solltest das Kleid umtauschen; <u>dieses</u> <u>Grün</u> ist ja grauenhaft.
5. Das war ja wohl nicht <u>das</u> <u>Gelbe</u> vom Ei!

Übung 54

Verschiedene Lösungen sind möglich. Großschreibung, weil …

Nomen	Satzanfang	Nominalisiertes Wort
Backstube	Jeder	das Tragen
Baugewerbe	Für	das Anlegen
Abschluss	Man	das Erlernen

Übung 55

1. Nomen auf -ung: Verbindung, Metallverarbeitung
2. Nomen auf -heit: Gesundheit, Sicherheit, Berufskrankheiten
3. Nomen auf -keit: Übelkeit
4. Drei Nomen mit anderen Begleitern als einem Artikel: z. B. nach Abschluss, ihre Gesundheit, zwei Quellen

Übung 56

richtige Schreibweise: Feuerwehr, Einsatzleitung, quellen sehen, Löscharbeiten, lustig machen, löschen mussten, zu schieben, gerufen wurden, überwältigt werden, löschen mussten

Übung 57

Tiere in der Großstadt

Welcher Tierfreund hätte gedacht, **dass** es in Groß-	*Konjunktion*
städten mehr verschiedene Tiere und Pflanzen gibt als	
auf dem Land? **Das** ist nicht zuletzt auf die dichte Be-	*Demonstrativpronomen*
bauung zurückzuführen. **Dass** die Häuser so nahe	*Konjunktion*
beieinanderstehen, hat eine Auswirkung auf **das** Kli-	*Artikel*
ma. In den Städten ist es etwas wärmer als auf dem	
Lande. **Das** führt dazu, **dass** es in der Stadt trockener	*Demonstrativpronomen,*
und wärmer ist als im Umland. In Großstädten kom-	*Konjunktion*
men die Tiere auch leicht an Nahrung. **Das** liegt u. a.	*Demonstrativpronomen,*
daran, **dass** sie dort Essensreste finden, die die Men-	*Konjunktion*
schen weggeworfen haben.	
Man sollte übrigens nicht glauben, **dass** es nur win-	*Konjunktion*
zige Tiere, z. B. Insekten, in die Städte lockt. Auch	

größere Tiere haben in Großstädten ein Zuhause gefunden, **das** ihnen gefällt. **Das** gilt z. B. für Berlin oder *Relativpronomen,* München. Manche Großstädte sind geradezu ein Paradies für *Demonstrativpronomen* Füchse, Wiesel und Spitzmäuse geworden. Eigentlich sollte man **das** kaum glauben. *Demonstrativpronomen*

Übung 58

Zugvögel unterwegs

Wenn der Herbst beginnt, kann man hin und wieder *Satzgefüge* riesige Vogelschwärme am Himmel sehen. Sobald die Temperaturen sinken, begeben sich die Zugvögel auf *Satzgefüge* Wanderschaft. Sie steuern südlichere Gebiete an, wo es *Satzgefüge* wärmer ist.

Eine sichere Orientierung ist für die Vögel sehr wichtig. Schon kleinere Umwege können zum Problem werden, *Satzgefüge* weil ihre Reserven begrenzt sind. Vögel orientieren sich an Landmarken, an den Sternen und am Sonnenstand. *Aufzählung* Das ist schon lange bekannt. Aber heute vermutet man, *Satzgefüge* dass sie noch andere Orientierungsmöglichkeiten haben. Sie müssen ja nicht nur den Weg in Richtung Süden, *Gegensatz* sondern auch Nahrung finden.

Warum bleiben die Zugvögel eigentlich nicht einfach dort, wo es immer warm ist? – Diese Frage ist bis heute *Satzgefüge* ungeklärt. Einige Forscher glauben, dass der Vogelzug so *Satzgefüge* alt ist wie die Vögel selbst. Vielleicht hängt das ja auch von einem Gefühl ab, das Menschen sehr gut kennen: *Satzgefüge* von der Sehnsucht nach der Ferne.

Übung 59

a) (die) Regisseure

b) aus dem Französischen

c) (des) Regisseurs

d) Re-gis-seur

Übung 60

Mo-de-ra-ti-on
Gleich-ar-tig-keit
Er-fah-rungs-aus-tausch
Re-a-li-tät
Er-zie-hungs-geld
Fli-cken-tep-pich
Sam-mel-büch-se
grund-sätz-lich
grol-len

Übung 61

Er wir**d** auch dieses Jahr wieder nach Italien fahren. Für ihn ist es das schönste Lan**d** auf der Wel**t**.
Der Win**d** fegte wil**d** und kal**t** über das Fel**d**.
Der Hun**d** bellte und vertrieb den Einbrecher.

Übung 62

Fein**d**: Fein**d**e, der Buchstabe klingt weich.
Berufswel**t**: Berufswel**t**en, der Buchstabe bleibt hart.
Hau**t**: Häu**t**e, der Buchstabe bleibt hart.
Grun**d**: Grün**d**e, der Buchstabe klingt weich.

Übung 63

Lauter bed**eu**tsame L**eu**te!
H**eu**te ist auf der Straße ein m**ä**chtiger Stau.
Das Gel**äu**te der Glocken geht mir auf die N**e**rven!
T**eu**eres muss nicht b**e**sser sein.
Die R**äu**me waren sehr groß.
Er brachte sich in eine gef**ä**hrliche Lage.

Übung 64

„**Berufstätige**" kommt von „T**a**t". Deshalb wird das Wort mit „ä" geschrieben.
„**Stäube**" kommt von „St**au**b". Deshalb wird das Wort mit „äu" geschrieben.
„**Bäcker**" kommt von „b**a**cken". Deshalb wird das Wort mit „ä" geschrieben.
„**unterschätzen**" kommt von „Sch**a**tz". Deshalb wird das Wort mit „ä" geschrieben.

Übung 65

be**l**-**l**en, wi**s**-**s**en, mü**s**-**s**en, hi**s**-**s**en, fa**s**-**s**en

Übung 66

Win**k**el, Ban**k**, Schre**ck**, La**ck**, pa**ck**en, par**k**en, le**ck**er, we**ck**en, Ste**ck**er, dun**k**el, De**ck**e, Schrän**k**e, Nel**k**e, bewir**k**en, stin**k**en, Bal**k**en, wa**ck**eln

Übung 67

Her**z**, tan**z**en, win**z**ig, wi**tz**ig, Ker**z**e, ran**z**ig, Hol**z**, Pel**z**, spi**tz**, Mü**tz**e, Pan**z**er, Kra**tz**er, pe**tz**en, wür**z**ig, Schmu**tz**, Verle**tz**ung, Pil**z**

Übung 68

1. Ga**s**, So**ß**e, Ma**ß**, me**ss**en, Nu**ss**, Gru**ß**, kü**ss**en, Grei**s**, Wa**ss**er, na**ss**, ha**ss**en, sie grü**ß**t, er hat es gewu**ss**t, sie i**ss**t Schokolade
2. Mögliche Antworten sind:
   - Ethos, Pathos, Mythos
   - Ergebnis, Ersparnis, Wagnis
   - Expressionismus, Tourismus, Buddhismus

Abschlussprüfungs-aufgaben

Abschlussprüfung Bayern
Qualifizierender Hauptschulabschluss – Deutsch 2007

Rechtschreibung I und II

1. **Modifiziertes Diktat**
   Handy in Schülerhand
   Fast alle Jugendlichen verfügen heute über ein Handy. / Eltern sind häufig beunruhigt, / weil sie nicht genau wissen, / was ihre Kinder damit alles machen. / Das Mobiltelefon hat sich / zum Multifunktionsgerät entwickelt. / So kann man damit fotografieren, / Videos aufnehmen, / Nachrichten versenden oder Spiele spielen. / Jedoch nicht alle Inhalte, / die per Handy weitergegeben werden, / sind harmlos. / Manche sind sogar verboten. (60 Wörter)

   Quelle: nach http://www.km.bayern.de/km/eltern/elternbrief/index.shtml

   Hinweis: *Die Aufgabe wird mit acht Punkten bewertet. Für jeden Fehler wird dir ein Punkt abgezogen. Für fehlende Satzzeichen, Umlautzeichen und i-Punkte wird je ein halber Punkt abgezogen. Am Ende des Diktats erhältst du fünf Minuten Zeit, um deinen Text mithilfe des Wörterbuchs zu überarbeiten. Wende auch die gelernten Rechtschreibstrategien an.*

2. **Rechtschreibstrategien**

es kna**ll**t	Ich beachte das Signalwort.	
	Ich verdopple den Konsonanten (Mitlaut) nach einem kurz gesprochenen Vokal (Selbstlaut).	✗
	Ich bilde den Plural (Mehrzahl).	
	Ich überprüfe die Wortart.	

   Hinweis: *Nur die zweite Strategie kann hier helfen: Nach kurzem Vokal (a) folgt Doppelkonsonant (ll). Die Strategie „Ich beachte das Signalwort" ist immer dann einsetzbar, wenn es um Groß- und Kleinschreibung geht, wenn also ein Signalwort (z. B. ein Artikel) signalisiert, dass ein Substantiv folgt. Hier aber geht es um einen Doppelkonsonanten in der Mitte des Wortes. Auch die Strategie „Ich bilde den Plural" hilft nicht weiter, denn Verben haben natürlich keinen Plural. Die Strategie „Ich überprüfe die Wortart" ist ebenfalls eine Strategie zum Überprüfen der Groß- und Kleinschreibung – aber darum geht es hier nicht.*

die Gefährdung	Ich überprüfe die Wortart.	
	Ich verlängere das Wort.	
	Ich suche verwandte Wörter.	✗
	Ich bilde die Steigerungsform.	

Hinweis: *Verwandte Wörter werden gleich geschrieben! Gefährdung kommt von Gefahr, also schreibt man Gefährdung mit Umlaut ä und nicht mit e. Für jedes richtige Kreuz in beiden Teilaufgaben bekommst du einen Punkt.*

3. **Fehlende Satzzeichen einsetzen**

Vor 50 Jahren erschien erstmals die Zeitschrift BRAVO, die bis heute ein wichtiger Begleiter für die meisten Jugendlichen ist und jede Woche aktuell über Stars, Mode und Probleme von Teenagern berichtet. Eine treue Leserin erzählt: „Jeden Donnerstag nach der Schule hole ich mir die BRAVO und bin dann für zwei Stunden nicht mehr zu sprechen.“

Hinweis: *Für diese Aufgabe gibt es drei Punkte. Für jedes richtig gesetzte Satzzeichen erhältst du einen halben Punkt. Achtung: Wenn du mehr als sechs Satzzeichen setzt, wird dir für jedes zusätzliche Satzzeichen ein halber Punkt abgezogen.*

4. **Einen fremden Text korrigieren und Wörter richtig aufschreiben**

Immer mehr ~~Ernehrungswissenschaftler~~ fordern Eltern auf, das vormittägliche Pausenbrot ~~qalitativ~~ zu kontrollieren, denn ~~Vitamiene~~ und Ballaststoffe geben dem Körper die nötige Energie für den anstrengenden Schulalltag. Allerdings darf auch eine ausreichende ~~Flüsigkeitsaufnahme~~ nicht vergessen werden, die vor allem aus Saftschorlen oder Tee bestehen sollte. Viele ~~Produckte~~ der ~~getränkehersteller~~ beinhalten zu viel Zucker.

a) Ernährungswissenschaftler
b) qualitativ
c) Vitamine
d) Flüssigkeitsaufnahme
e) Produkte
f) Getränkehersteller

Hinweis: *Diese Aufgabe wird mit drei Punkten bewertet. Jedes als falsch erkannte und fehlerfrei berichtigte Wort wird mit einem halben Punkt bewertet. Wenn du mehr als sechs Wörter durchstreichst und „berichtigst“, wird dir für jedes zusätzliche Wort ein halber Punkt abgezogen. Lies den Text aufmerksam und streiche die falsch geschriebenen Wörter durch. Wenn du unsicher bist, ob ein Wort tatsächlich falsch geschrieben ist, überprüfe es mithilfe des Wörterbuchs. Schreibe die Wörter anschließend in der korrekten Schreibweise auf.*

Textarbeit 1 – Literarischer Text

1. **Fragen zu Jess beantworten**

Hinweis: *Die in der ersten Aufgabe geforderten Antworten beziehen sich ausschließlich auf den Inhalt des ersten Abschnitts. Durch aufmerksames Lesen lassen sie sich leicht herausfinden. Lies den ersten Abschnitt genau und markiere die Textstellen, die die entsprechenden Informationen über Jesminder enthalten. Anschließend kannst du deine Antworten formulieren. Schreibe am besten in kurzen, vollständigen Sätzen. Stichwortartige Formulierungen wären aber auch nicht falsch.*

a) Jess lebt mit ihrer Familie, die aus Indien stammt, in England.
b) Die Eltern wünschen sich von ihrer Tochter, dass sie Jura studiert und möglichst bald einen ordentlichen indischen Mann heiratet.
c) Den Eltern gefällt an Jess ganz und gar nicht, dass ausgerechnet Fußballspielen ihr großes Hobby ist.
d) Soeben hat Jess ihre Schulabschlussprüfungen erfolgreich hinter sich gebracht.

2. **Textaussagen auswählen**

Hinweis: *Aus den vorgegebenen Aussagen sollst du vier auswählen, die sich sinngemäß im Text wiederfinden. Die korrekte Auswahl gelingt dir, wenn du jeden Abschnitt nochmals liest und vom Inhalt her aufmerksam mit den Aussagen a) bis g) vergleichst. Notiere dann die vier ausgewählten Buchstaben.*
Hinweis zu b), d) und f): Jess spielt zwar in ihrem Tagtraum mit Beckham in einer Mannschaft, nicht aber in Wirklichkeit; deshalb ist Aussage b) falsch. Wenn er aber ihr Idol ist, muss man davon ausgehen, dass sie auch so gut spielen möchte wie er. Deshalb ist Aussage d) sinngemäß im Text enthalten. Dass Aussage f) falsch ist, kannst du in Zeile 3 des Textvorspanns nachlesen: Jesminder hat ihre Abschlussprüfungen gerade geschrieben, sie muss dafür also nicht mehr lernen.

a) Jess sieht sich ein Fußballspiel an und beginnt zu träumen. (Vgl. Zeile 13–19)
d) Jess will so gut wie Beckham spielen (vgl. z. B. Zeile 57/58).
e) Jess glaubt, dass Beckham der einzige ist, der sie versteht (vgl. Zeile 70–72).
g) Jess nervt der Trubel um die Hochzeit ihrer Schwester (vgl. Zeile 64–66).

3. **Fremdwörter deutschen Begriffen zuordnen**

Hinweis: *Du sollst den vorgegebenen Wörtern die im Text dafür verwendeten Fremdwörter zuordnen. Gehe am besten so vor: Lies den Text und markiere alle Fremdwörter. Vielleicht kannst du dann schon einige davon den vorgegebenen Wörtern zuordnen. Setze die deutschen Wörter anstelle der Fremdwörter in die Sätze ein und überlege, ob der Satz dann einen Sinn ergibt. Wenn du unsicher bist oder die Bedeutung eines Fremdwortes nicht kennst, kann dir der Duden eine Hilfe sein, da dort häufig die Bedeutung der Fremdwörter erklärt ist. Beachte aber, dass es mitunter mehrere Bedeutungen eines Wortes gibt. Der Textzusammenhang spielt daher eine entscheidende Rolle.*

a) altmodisch, an Bewährtem festhaltend – konservativ (Textvorspann, Z. 5)
b) Stimmung – Atmosphäre (Zeile 11)
c) besonders – speziell (Zeile 28/29)
d) Publikumsliebling, Vorbild – Idol (Zeile 58)

4. **Sprachbilder erklären**

Hinweis: *Zwei sprachliche Bilder aus dem Text sind in ihrer Bedeutung mit eigenen Worten zu erklären. Sprachbilder werden verwendet, um eine Aussage besonders anschaulich zu machen. Der Leser kann sich dann ein Bild von einer Sache oder einer Person machen. Entscheidend ist dabei nicht die wörtliche, sondern die übertragene Bedeutung.*
Überlege, welche Eigenschaften das Meer hat (endlose Weite, Wellengang) und wofür dieser Begriff hier im Textzusammenhang verwendet wird (die wogende, endlose Menschenmenge). Rot und weiß ist dieses Meer, weil die Vereinsfarben von Manchester United Rot und Weiß sind.
Zu den sprachlichen Bildern gehören auch Redewendungen wie z. B. „jemandem hängt etwas zum Hals heraus". Überlege, was die Formulierung normalerweise bedeuten würde. Versuche dir vorzustellen, was die Worte ausdrücken, wenn man sie wörtlich nehmen würde, das ist die wörtliche Bedeutung. Überlege dann: Was kommt hier, in dieser Textstelle, damit zum Ausdruck? Das ist der übertragene Sinn.

a) **„ein Meer aus Rot und Weiß"** (Zeile 2):
Die Vereinsfarben von Manchester United sind Rot und Weiß. Folglich finden sie sich in den T-Shirts, Fahnen, Tüchern, oft sogar als Gesichtsbemalung der Fans wieder. Ähnlich einer unruhigen Meeresoberfläche, die sich aus tausenden von kleinen Wellen ergibt, wirken nun auch die zahllosen Zuschauer, von Weitem betrachtet, wie „ein Meer aus Rot und Weiß".

b) **„hängt … zum Hals heraus"** (Zeile 64/65):

Was schon zu lange dauert, sich ständig wiederholt, kann einem zunehmend unangenehm oder gar lästig werden. Das können Verpflichtungen sein, die ohne Abwechslung ständig in gleichem Maße fordern oder Menschen, die man schon deshalb nicht mag, weil sie in ihrem Umfeld ständig Unruhe verbreiten. Mit der Äußerung „das hängt mir allmählich zum Hals heraus" bringt man seinen Überdruss und Widerwillen deutlich zum Ausdruck.

Auch bei Jesminder ist das so: Sie mag diesen Rummel um die Hochzeit ihrer Schwester nicht. Alles dreht sich nur darum und sie findet keine Ruhe mehr für sich. Das verleitet sie schließlich zu der Äußerung: Diese Hochzeit „hängt mir jetzt schon zum Hals heraus".

5. **Aufgabe zur Stimmung der Eltern (Bild 2)**

Hinweis: *Um diese Aufgabe bearbeiten zu können, musst du dir zunächst Bild 2 ganz genau anschauen. Gestik und Gesichtsausdruck der Eltern verraten dir schon einiges über deren Stimmung. Versuche, dich in die Rolle der Eltern hineinzuversetzen, so kannst du ihre Stimmung am ehesten nachempfinden. Die gesuchten Textstellen (Aufgabe a) findest du, indem du den Text nochmals konzentriert liest und die Stellen markierst, denen du etwas über die Stimmung der Mutter entnehmen kannst. Über den Vater wird im Text nichts ausgesagt; hier ist deine Fantasie gefragt. Versuche, dich in den Vater hineinzuversetzen, welche Gedanken könnte er haben? Wichtig ist, dass seine Gedanken zum Text und zu seinem Gesichtsausdruck in Bild 2 passen. Denke daran, die Gedanken des Vaters in der Ich-Form aufzuschreiben.*

a) **Drei Textstellen, die die Stimmung der Mutter verdeutlichen**

„In der nächsten Sekunde wurde die Tür meines Zimmers aufgerissen. ‚Jesminder, hast du mich nicht gehört?', fauchte Mum." (Zeile 20–23)

„‚Jesminder bist du verrückt geworden?' Anklagend blickte Mum zuerst auf den Fernseher, dann auf mich." (Zeile 26–28)

„Aufgebracht riss sie mir die Fernbedienung aus der Hand und schaltete den Fernseher aus." (Zeile 34–36)

b) **Mögliche Gedanken des Vaters**

Ich kann meine Frau schon verstehen, wenn sie wütend wird. Einerseits gibt es jetzt, so kurz vor der Hochzeit, viel zu tun, andererseits sitzt Jesminder in ihrem Zimmer und himmelt ihr Fußballidol an. Eigentlich müsste ich ihr ebenfalls mit Nachdruck ins Gewissen reden.

Allerdings erinnere ich mich nur zu gut an meine eigene Jugendzeit. Zwar wurde ich da noch viel strenger erzogen, aber Idole, denen ich nacheifern wollte, hatte ich auch. Das waren insbesondere Musiker, die von ihrem Aussehen her und von dem, was sie von sich gaben, meinen Eltern gar nicht geheuer vorkamen. Für mich waren sie die Stars schlechthin.

Außerdem muss ich zugeben, dass mich Fußball ebenfalls fasziniert und ich ja selbst in meiner Freizeit in einem kleinen Verein leidenschaftlich gerne gespielt habe. Jesminder hat mich immer begleitet und war ganz begeistert bei der Sache. Und dass ich einen Lieblingsverein habe und natürlich auch bestimmte Spieler ganz besonders schätze, ist ihr auch nie verborgen geblieben, ganz besonders dann nicht, wenn wir gemeinsam vor dem Fernseher saßen, um mitzufiebern, wenn es um wichtige Spiele ging. Das tun wir übrigens immer noch.

Insofern bin ich da ein wenig in der Zwickmühle und hoffe natürlich, dass sich die ganze Situation allmählich von selbst beruhigt. Vielleicht ist das nicht die ganz faire Art, aber es ist ja nicht immer so, dass ich mich einfach ein bisschen heraushalte.

6. **Eine E-Mail an Jesminder schreiben**

Hinweis: *Die Aufgabe ist zweigliedrig gestellt. Du sollst einerseits Argumente finden, die zeigen, dass die Schwärmerei Jesminders zwar in Ordnung ist, andererseits aber auch gewisse Gefahren damit verbunden sind. Am ehesten kannst du hier mithilfe deines eigenen Erfahrungsbereiches Punkte sammeln. Notiere am besten zunächst stichwortartig deine Argumente und formuliere anschließend die E-Mail. „Vorbilder und Idole" war auch ein Thema im Unterricht. Daran solltest du dich orientieren.*

Liebe Jess,

dass du leidenschaftlich gerne Fußball spielst, wusste jeder an der Schule und viele von uns, auch ich, haben dich um deine Geschicklichkeit am Ball beneidet. Da ist es nicht verwunderlich, dass du auch große Vorbilder hast. Du schwärmst ja mächtig für David Beckham, wie ich jetzt erfahren habe.

Ich finde das schon in Ordnung. Um ein Ziel anzustreben, wie du dir es steckst, braucht man ein Vorbild, an dem man sich orientieren und von dem man etwas abschauen kann. In diesem Fall muss es eben ein großer Fußballer, ein echter Künstler am Ball sein. Und es ist ganz seltsam, so ein Vorbild kann einen wirklich richtig motivieren, zu immer besseren Leistungen anspornen und wieder aufrichten, wenn es einmal nicht so gut klappt und einem Zweifel kommen, ob sich die ganze Anstrengung lohnt. Dass du dich ihm mit allen anderen Sorgen ebenfalls anvertraust, ja richtige Zwiegespräche mit ihm führst, kann ich gut nachvollziehen, weil es mir teilweise ähnlich ergeht. Das Gefühl, dass man verstanden wird, lässt sich nicht leugnen. Die vielen Bilder in deinem Zimmer bringen dir deinen Star irgendwie auch räumlich näher.
Allerdings wird er dir nicht so nahe sein, dass er tatsächlich bei Problemen helfen kann. Manchmal genügt es auch nicht, wenn man nur das Gefühl hat, dass einem geholfen wird, sondern nur echte, tatkräftige Unterstützung eine Sache klären kann. Eltern, Geschwister, Freunde sind dann gefragt, auch wenn sie vielleicht nicht Fußball spielen können. Und echte Technik und Taktik im Fußball wird man sich trotzdem nur im Training und im Zusammenspiel mit den Kameraden in der Mannschaft aneignen können. Hier muss einem konkret gezeigt werden, wie es geht und was man falsch macht. Wenn man zu sehr ins Schwärmen gerät, könnte es auch leicht passieren, dass man sein Umfeld nicht mehr bewusst wahrnimmt und die wirklichen Freunde vernachlässigt oder gar vor den Kopf stößt. Dazu gehören vor allem die Eltern, die einen letztlich auch davor bewahren, dass man vor lauter Schwärmerei seine wertvolle Zeit vergisst – in der man z. B. trainieren kann.

Viele Grüße
(dein Name)

7. Beispiele finden und erläutern

Hinweis: *In Aufgabe a) sollst du drei weitere Beispiele finden und daran aufzeigen, dass Jugendliche nicht immer den Erwartungen ihrer Eltern entsprechen. Hier kannst du eigene Erfahrungen als wertvolle Quelle für die benötigten Beispiele nutzen: Welche Erwartungen stellen deine Eltern an dich? Sicher hast du diesen auch nicht immer ganz entsprochen. Denke z. B. an Bereiche wie Kleidung, Frisur, Freizeitbeschäftigung. In Aufgabe b) sollst du dir ein eigenes Beispiel überlegen, an dem du ausführst, dass man manchmal – auch gegen Widerstände – seinen eigenen Weg gehen muss. Der Text kann dir hier nur Orientierung bieten, deine Beispiele musst du selbst überlegen.*

a) **Jugendliche entsprechen nicht immer den Erwartungen ihrer Familie (drei Beispiele)**

- Zum Leidwesen vieler Eltern gehen manchmal die Vorstellungen über Kleidung weit auseinander. Teure Markenklamotten, die den Geldbeutel strapazieren, aber auch Schlabberjeans, Hüfthosen und bauchfreie Tops können da rasch Anlass sein für mahnende Worte oder gar echten Familienstreit.
- Die Vorstellung vom gemeinsamen Sonntagsausflug oder gemütlichen Grillabend auf der Terrasse müssen Eltern häufig als Utopie rasch beiseite schieben. Was jahrelang für die Kinder ein tolles Erlebnis war, führt ab einem gewissen Alter oft zu mürrischen Äußerungen, die Unverständnis ausdrücken oder gar zu offenem lautstarken Protest. Zum Entsetzen der Eltern wird das Treffen mit der neuen Freundin oder der Diskobesuch nach 22:00 Uhr als Gegenargument ins Feld geführt.
- Hausaufgaben und häusliche Vorbereitung für die Schule waren immer schon Diskussionspunkte zwischen Jugendlichen und Eltern. Die Meinung, dass man, um bessere Leistungen zu erzielen, mehr lernen und sich wesentlich intensiver mit den Unterrichtsstoffen auseinandersetzen müsste, wird von vielen Jungen und Mädchen nicht unbedingt geteilt. Familienunfriede und Misserfolge sind vorprogrammiert.

b) **Manchmal muss man auch seinen eigenen Weg gehen**

Meist ist es so, dass innerhalb der Familie das Zusammenleben nur dann gut gelingen kann, wenn man auf die jeweiligen Interessen der anderen achtet, mit seinen Vorstellungen auch einmal zurücksteht und zu Kompromissen bereit ist, insbesondere mit Blick auf die Bitten, Wünsche und Ratschläge der Eltern. Manchmal ist es aber auch wichtig, seinen eigenen Weg zu gehen.

Seit Jahren sagen mir meine Eltern, dass der Beruf meines Vaters auch für mich etwas wäre. Er ist in einer großen Firma in einem Planungsbüro tätig und koordiniert alles, was mit dem Versand der Waren zu tun hat. Ich denke aber, dass mir die Arbeit in einem Büro wirklich nicht liegt und ich auf Dauer damit nicht glücklich werde. Bei einem Praktikum, das ich dort ableistete, wurde mir das so richtig bewusst.
Seit ich zurückdenken kann, interessiere ich mich aber für alles, was mit der Natur zu tun hat. Ich zeichne, male und fotografiere leidenschaftlich gerne. Bei Ausstellungen in der Schule und in unserer Gemeinde war ich schon mit einigen Bildern dabei und habe sogar Preise gewonnen. Meine Eltern sind zwar nicht direkt dagegen, dass ich einen beruflichen Weg einschlage, der in die diese Richtung geht, aber sie sehen das eben als eine unsichere Sache an, zeigen mir alle Risiken auf und raten mir dringend ab. Ich selbst aber bin fest entschlossen, den Weg zu gehen, der mich zu dem bringt, was mir wirklich liegt, was ich offensichtlich auch kann und was mein größter Traum ist.

8. **Einen eigenen Traum beschreiben**

Hinweis: *Im Text wird der Traum von Jesminder beschrieben, sie träumt davon, mit David Beckham in einer Mannschaft zu spielen. Jetzt sollst du einen eigenen Traum beschreiben, für den es sich deiner Meinung nach zu kämpfen lohnt. Sage aber nicht nur, wovon du träumst, sondern finde Argumente, die den Aufwand, dieses Ziel zu erreichen, auch tatsächlich rechtfertigen.*

Seit Monaten hält sich hartnäckig das Gerücht, dass unser Jugendtreff verschwinden soll, da man das Areal als Baugrund für irgendwelche Bürogebäude benötigen würde. Es handelt sich um einen ausrangierten Bahnwaggon, den wir vor längerer Zeit mühsam und liebevoll ausgebaut und eingerichtet haben. Mein Vater, der bei der Bahn arbeitet, hatte das damals arrangiert. Es war ein Wunschtraum von mir, solch einen Treffpunkt zu haben und gestalten zu dürfen. In den nächsten Wochen wollten wir ihn komplett neu gestalten und der Vater einer meiner Freunde hätte ihn sogar wintertauglich gemacht, mit Heizung und guter Isolierung.
Der Waggon ist für uns eine prima Möglichkeit, zusammenzusitzen, Musik zu hören und über alle möglichen Dinge zu quatschen, die uns bewegen, ohne dass wir gestört werden. Hier halten wir Geburtstagsfeiern ab und versammeln uns, wenn wir größere oder kleinere Unternehmungen planen. Es hat nie Probleme gegeben. Die Gemeindeverwaltung hat das Ganze genehmigt und

unsere Eltern unterstützen uns, wenn es um Reinigung und Reparaturen geht. Unzählige Stunden habe ich hier schon mit meinem Vater zusammen an Arbeit investiert und ich kümmere mich auch darum, dass immer alles ordentlich aufgeräumt ist, die Umgebung sauber bleibt und niemand einen Grund hat, sich deshalb zu beschweren.
Diesen Wunschtraum lasse ich mir nicht einfach zunichte machen, auch wenn die Übermacht groß ist. Leider gibt es auch viele Erwachsene, die es begrüßen würden, wenn wir den Waggon aufgeben müssten. Einige von ihnen habe ich deswegen auch angesprochen. Einen wirklichen Grund konnten sie mir aber nicht nennen. Mit den Verantwortlichen unserer Gemeinde konnte ich schon mehrmals sprechen. Zahllose Bittbriefe habe ich mit meinen Freunden geschrieben und Flugblätter entworfen, die zeigen sollen, wie wichtig dieser Treff für uns ist. Dafür war mir mein Taschengeld der letzten Wochen nicht zu schade.
Die mittlerweile immer lauter werdenden Feststellungen, dass das Ganze sowieso keinen Sinn mehr hat, werden mich nicht davon abhalten, um den Erhalt unseres Treffs zu kämpfen. Die geplanten Bürogebäude können wir nicht verhindern, das ist mir klar, aber dass unser Waggon einen neuen Standplatz erhalten könnte, hat der Bürgermeister unseres Ortes mittlerweile nicht mehr ganz ausgeschlossen. Er hat mir versprochen, uns in den nächsten Tagen zu besuchen. Ich bin überzeugt davon, dass sich unsere Mühe lohnt und mein Traum nicht in einer Schrottpresse ein schlimmes Ende finden wird.

Textarbeit 2 – Diskontinuierlicher Sachtext

1. Grundaussagen des Textes zusammenfassen

Hinweis: *Du sollst die Grundaussagen des Textes kurz zusammenzufassen. Mit Blick auf die zu vergebenden 2 Punkte musst du dich, was den Umfang der Antworten anbelangt, beschränken. Um die Kernaussagen zu finden, liest du den Text möglichst abschnittweise durch und achtest darauf, wann ein neuer Gedanke beginnt; markiere diese Stellen im Text, so kannst du die wichtigsten Aussagen anschließend zusammenfassen und aufschreiben. Ein Tipp: Ein neuer Abschnitt beginnt meist auch mit einem neuen Gedanken. Formuliere im Präsens.*

Im Text „Fitness aus der Küche" wird an einigen Punkten aufgezeigt, wie Großbritannien dem Übergewicht von Kindern zu Leibe rücken will. Nach der Feststellung, dass die Fettleibigkeit von Kindern generell zunimmt und welche Probleme damit für sie verbunden sind, geht es um Lösungsmöglichkeiten. Diese reichen vom Verkaufsverbot von Süßigkeiten und Limonaden an Schulen bis hin zu Koch- und Backkursen für Zwei- bis Sechzehnjährige. Es wird darauf hingewiesen, dass die Kinder überhaupt erst wieder lernen müssen, richtig zu schmecken und zu essen und wie wichtig – neben all den Bemühungen der Behörden, Medien und Politiker – die Hilfe aus dem nahen Umfeld ist, z. B. der Eltern.

2. Fremdwörter deutschen Begriffen zuordnen

Hinweis: *Den in der Aufgabenstellung vorgegebenen Wörtern sollst du die im Text dafür verwendeten Fremdwörter zuordnen. Am besten gehst du so vor: Lies den Text aufmerksam und markiere alle Fremdwörter. Vielleicht kannst du jetzt schon einige davon den vorgegebenen Wörtern zuordnen. Wenn du unsicher bist oder die Bedeutung eines Fremdwortes nicht kennst, kann dir der Duden eine Hilfe sein, da dort häufig die Bedeutung der Fremdwörter angegeben ist. Beachte aber, dass es mitunter mehrere Bedeutungen eines Wortes gibt. Der Textzusammenhang spielt daher eine entscheidende Rolle.*

a) verbrauchen, zu sich nehmen – konsumieren (Zeile 23/24)
b) auf die Kochkunst bezogen – kulinarisch (Zeile 28)
c) Ausdauer, körperlicher Zustand – Kondition (Zeile 48)
d) Erzieher, Lehrer – Pädagoge (Zeile 88)

3. **Sprachbilder erklären**

Hinweis: *Zwei sprachliche Bilder aus dem Text sind in ihrer Bedeutung mit eigenen Worten an je einem selbst gewählten Beispiel zu erklären. Es geht um bildhafte Redewendungen, die man nur dann richtig erfassen kann, wenn sie im Textzusammenhang gesehen werden. Wiederholtes und konzentriertes Lesen helfen dir bei der Sinnerschließung.*
Sprachliche Bilder sind Wörter (oder Formulierungen), die anders verwendet werden, als man es aus dem normalen, wörtlichen Sprachgebrauch kennt. In einem Text werden sie häufig eingesetzt, um bestimmte Aussagen besonders anschaulich zu machen. Entscheidend ist dabei nicht die wörtliche, sondern die übertragene Bedeutung. Überlege also zunächst, was der Begriff „Kampf" im wörtlichen Sinn bedeutet, überlege dann, was damit an der genannten Textstelle ausgedrückt werden soll. Das ist die übertragene Bedeutung. Wähle ein Beispiel, an dem du die übertragene Bedeutung erklärst. Zu den sprachlichen Bildern gehören auch Redewendungen wie beispielsweise „jemandem liegt etwas schwer im Magen". Überlege wieder, was es im wörtlichen Sinn bedeutet, wenn etwas schwer im Magen liegt und erkläre dann anhand eines eigenen Beispiels die übertragene Bedeutung.

a) **„den Kampf angesagt"** (Zeile 6):
Meldungen in der Presse über alkoholisierte Jugendliche sind fast schon an der Tagesordnung. Feiern und Feten enden nicht selten in sinnlosen Saufgelagen mit mehr oder minder dramatischem Ausgang. Immer häufiger ist die letzte Station das Krankenhaus, um die bis zur Orientierungslosigkeit betrunkenen Jugendlichen wieder auf die Beine zu bringen und an ihre meist fassungslosen Eltern zu übergeben. Schon längst ist deutlich gemacht worden, dass energische Maßnahmen ergriffen werden müssen, um dieser äußerst bedenklichen Entwicklung entgegenzuwirken und die Jugendlichen vor sich selbst zu schützen. Durch Aufklärung, Verbote und empfindliche Strafen hat man all denen „den Kampf angesagt", die dafür die Verantwortung tragen.

b) **„liegen … schwer im Magen"** (Zeile 26/27):
Wenn etwas im wörtlichen Sinn schwer im Magen liegt, handelt es sich in aller Regel um eine Speise, die aus verschiedenen Gründen nicht richtig verdaut werden kann. Man fühlt sich dann nicht wohl, hat eine schlaflose Nacht oder es plagen einen gar Schmerzen. Ähnlich kann es aber z. B. auch einem Schüler ergehen, der mangels ausreichender Vorbereitung und trotz eindringlicher Appelle seiner Eltern in einer Probearbeit mit dem Schlimms-

ten rechnen muss und nun seit einigen Tagen auf deren Rückgabe wartet. Auch er wird sich höchst unwohl fühlen und unruhige Nächte haben. Wie eine unverdauliche Kost liegt ihm die Probearbeit „schwer im Magen".

4. **Aufgabe zu Abbildung 1**

Hinweis: *Überlege, in welcher Weise Abbildung 1 den Text veranschaulicht bzw. ergänzt. In der Regel wird ein Diagramm immer dann beigefügt, wenn die Zahlen, die darin abgedruckt sind, bestimmte Textaussagen bestätigen. Du solltest also immer prüfen, welche Textaussagen durch die Zahlen im Diagramm bestätigt werden. Dies setzt voraus, dass du zuvor den Inhalt des Textes durch intensives Lesen erfasst hast: Worum geht es im Text? Finde dann eine passende Überschrift (Aufgabe a). „Passend" bedeutet, dass sich die Kernaussage, die im Schaubild steckt, in dieser Überschrift widerspiegeln sollte. So vorbereitet, lässt sich anschließend Aufgabe b) relativ leicht bearbeiten. Nenne die weiteren Länder, in denen Überernährung ein Problem ist. Gehe dabei unbedingt auch auf die im Diagramm angegebenen Prozentzahlen ein, insbesondere mit Blick auf die Zunahme der Zahlen seit den 80er-Jahren.*

a) **Passende Überschrift formulieren** (mit Alternativen)
- Zunahme des Übergewichts bei Kindern im Zeit- und Ländervergleich
- Übergewicht bei Kindern – ein wachsendes Problem in vielen Ländern
- Übergewichtige Kinder – ein globales Problem

b) **Aussage mithilfe des Schaubildes erläutern**
Dass nicht nur in Großbritannien Kinder durch falsche oder einseitige Ernährung und mangelnde Bewegung zu dick und damit zu einem ernst zu nehmenden Problem werden, wird aus der beigefügten Abbildung 1 deutlich. So ist der Anteil an übergewichtigen Kindern in den USA mit 31 % sogar noch um 8 % höher als in Großbritannien. In Brasilien und Deutschland (jeweils 19 %) liegt er mit gerade mal 4 % weniger als in Großbritannien auch nicht merklich tiefer. Die Zuwachsraten seit den 80er-Jahren liegen zwischen 8 % (Deutschland) und 16,5 % (USA), Großbritannien liegt mit 14,5 % dazwischen. Damit ist der Zuwachs an fettleibigen Kindern in Deutschland um 6,5 % niedriger als in Großbritannien und um die Hälfte niedriger als in den USA. Insgesamt ist in allen aufgeführten Ländern die gleiche deutliche Tendenz festzustellen: Die Fettleibigkeit bei Kindern nimmt zu.

5. **Folgen des Übergewichts**

Hinweis: *Du sollst vier mögliche Folgen des Übergewichts bei Kindern stichpunktartig herausschreiben. „Stichpunktartig“ kann dabei bedeuten, dass du sowohl einzelne Wörter als auch kurze Sätze oder Halbsätze dazu verwendet kannst.*

- bezüglich ihrer Kondition sind die übergewichtigen Kinder so wenig fit wie nie zuvor (vgl. Zeile 47–49)
- sie werden leicht zur Zielscheibe für Hänseleien (vgl. Zeile 53/54)
- Übergewichtige empfinden die seelischen Folgen der Fettleibigkeit weit schlimmer als die körperlichen (vgl. Zeile 54–56)
- wegen ihres Übergewichts schämen sich viele dieser Kinder (vgl. Zeile 51/52)

6. **Zitat aus dem Textzusammenhang erläutern**

Hinweis: *Um diese Aufgabe zu lösen, musst du Textstellen aufspüren, die den im Zitat angesprochenen „allgemeinen Sinneswandel“, der zu einer Verhaltensänderung führen könnte, näher beschreiben und vielleicht auch schon anhand von Beispielen veranschaulichen. Aufmerksames Lesen, Suchen und Vergleichen mit dem Inhalt des Zitats ist der Schlüssel für eine treffende Erläuterung. Markiere die gefundenen Textstellen mit einem farbigen Stift, sodass du sie anschließend zusammenfassen und aufschreiben kannst.*

Trotz vielfältigster Bemühungen, der Gewichtszunahme bei Kindern durch eine gesunde Ernährung und verändertes Essverhalten entgegenzuwirken, sind sich alle Experten darüber einig, dass nur ein allgemeiner Sinneswandel die Situation grundlegend ändern kann.
Die neuen Schulstandards sind zwar ein guter Weg, der aber meistens nicht in den Familien beschritten wird. Die Berufstätigkeit vieler Eltern zwingt die Kinder zum Verzehr von Schnellgerichten, die alles andere als vitamin- und nährstoffreich sind. Trotz Zeitmangels muss den Eltern aber die Gesundheit ihrer Kinder am Herzen liegen. Gesunde Gerichte können vorgekocht werden, und in den freien Zeiten am Wochenende und am Abend bieten sich immer Möglichkeiten, zusammen mit den Kindern gemeinsam etwas zuzubereiten, was nicht nur lecker aussieht und schmeckt, sondern auch das Zunehmen verhindert. Dazu gehört auch eine gewisse Esskultur, dass man sich die nötige Zeit am Tisch nimmt und in gemeinsamer Runde die Speisen genießt. Das ist auch immer eine gute Möglichkeit, miteinander über Verschiedenes zu sprechen und das eine oder andere zu planen.
Letztlich muss sich dieser Sinneswandel aber auch im gesamten Umfeld zeigen. Solange maßlos überzuckerte Getränke, Süßigkeiten aller Art und höchst

kalorienträchtiges Fastfood werbewirksam in Szene gesetzt und gedankenlos konsumiert wird, ist jede noch so gut gemeinte Hilfe zum Abtrainieren überflüssiger Pfunde und zur Stärkung des Selbstwertgefühls vergebens. Ein gewaltiger Wandel müsste sich hier vollziehen, der auch die Bewegungsarmut mit im Visier hat. Solange Kinder nicht mehr auf die Beine und außer Atem kommen und Spaß am Laufen und Herumtollen haben, dürften auch die übrigen Maßnahmen nicht besonders gut greifen.
Besonders erfolgreich wäre es sicher, wenn alle, denen das Wohl der Kinder am Herzen liegt, mit gutem Beispiel vorangehen und genau das tun, was wir von den Kleinen erwarten.

7. Einen „Ratgeber" für gesunde Lebensweise verfassen

Hinweis: *Mehrere in der Aufgabenstellung genannte Schlüsselwörter bestimmen die inhaltliche Beschaffenheit des geforderten „Ratgebers": Der Ratgeber soll geeignet sein für eine Jugendzeitschrift (verwende also z. B. das persönliche „du" als Anrede), du sollst Informationen aus dem Text und aus Abbildung 2 mit einbeziehen, außerdem sollst du aus deinem eigenen Erfahrungsbereich schöpfen. Eine entscheidende Bedeutung fällt Abbildung 2 zu. Die abgebildete Ernährungspyramide enthält zahlreiche Informationen, die als Kernaussagen den Ratgeber zu einer echten Hilfe und Orientierung für den interessierten Leser werden lassen. Sieh dir die Pyramide gründlich an und notiere dir stichwortartig, welche der Informationen du in deinen Ratgeber aufnehmen willst. Schreibe nicht einfach alle Informationen aus der Abbildung ab, sondern versuche, die Informationen zu gruppieren: Welche Nahrungsmittel sollten oft und reichlich verzehrt werden, welche dagegen nur sehr sparsam. Andere Produkte liegen im Mittelfeld. Zusammen mit deinem eigenen Wissen sollen alle Informationen eine gedanklich stimmige Darstellung ergeben.*

„So bleibst du gesund und fit!"

Viele Kinder und Jugendliche kämpfen mit Übergewicht, werden damit oft zur Zielscheibe von Hänseleien und dummen Sprüchen, fühlen sich müde und spüren oft schmerzlich, dass es mit ihrer Ausdauer und Bewegungsfähigkeit nicht zum Besten bestellt ist. Solltest du dich jetzt angesprochen fühlen, ist dringend Handeln angesagt. Eine gesunde Lebensweise, das muss man gleich vorausschicken, ist ohne dein Wollen und Zutun nur schwer zu erreichen.
Dein Essverhalten wirst du dann künftig grundsätzlich verändern müssen. Zuckerhaltige Getränke sind out. Mineralwasser, Tee und ungesüßte Frucht-

säfte begleiten dich den Tag über und davon darfst du reichlich trinken, um dein Tagespensum abzudecken.

Fastfood und Süßigkeiten rücken in die hintersten Reihen. Um vitamin- und nährstoffreich den Tag zu bestehen, bedarf es ganz anderer Dinge: Zu allen Mahlzeiten solltest du auf Getreideprodukte achten wie Brot, Teigwaren, Reis und Kartoffeln. Das darfst du dir getrost mehrmals täglich gönnen. Genauso wie Gemüse und Hülsenfrüchte, von denen du gar nicht genug bekommen kannst. Zweimal am Tag Obst muss eine Selbstverständlichkeit werden. Und das schmeckt ja auch gut, vor allem, wenn man die Sorten abwechselt.

Da man übrigens nicht immer davon ausgehen kann, dass man stets alles serviert bekommt, sollte man auch einmal ernsthaft in Erwägung ziehen, sich zeigen zu lassen, wie man einfache, gesunde Gerichte selbst zubereiten kann. Dafür gibt es Koch- und Backkurse, speziell auch für Jugendliche. Und die kommen mittlerweile sehr gut an. Gemeinsam Kochen macht nicht nur Spaß, sondern vermittelt einem neben den ersten Kochkünsten auch die Erkenntnis, dass Essen eben mehr bedeuten kann, als unter Zeitdruck höchst ungesundes Allerlei in sich hineinzuschlingen. Man lernt wieder richtig zu schmecken und zu genießen. Und das beginnt schon beim kritischen Einkauf der Zutaten.

Kehren wir noch einmal zurück zum Speisezettel für einen Tag, der gesund und fit macht. Neben den schon beschriebenen Nahrungsmitteln darf ein- bis zweimal pro Woche keinesfalls Fisch fehlen. In vielen lecker zubereiteten Varianten stellt er schon etwas Besonderes dar. Fettarme Milch und Milchprodukte sollten für dich zum täglichen Pflichtprogramm gehören und natürlich darf auch Fleisch und Wurst, möglichst fettarm, auf den Teller. Bei den Eiern solltest du dich auf zwei bis drei pro Woche beschränken und tierische Fette wie Butter und Wurst sind eher die Ausnahme, genauso wie Süßigkeiten, auf die man natürlich nicht komplett verzichten muss.

Zu einem richtigen Erlebnis kann dieses Essen werden, wenn man es auch für das Auge ansprechend präsentiert bekommt oder sich selbst herrichtet. Zusammen mit Freunden schmeckt es dann noch besser.

Gegen die von der Werbung geschickt und aufdringlich angebotenen ungesunden Dickmacher wird man, wenn man sich selbst so toll verwöhnt, allmählich immun.

Etwas fehlt aber noch: Bewegung! Auch die gesündeste Ernährung kann körperliche Aktivitäten nicht ersetzen. Eine halbe Stunde täglich muss mindestens sein. Ob du durch den Wald läufst, mit dem Rad ins Schwitzen kommst, lieber schwimmst oder Gewichte stemmst, ist eigentlich egal. Du kannst dich hier ganz nach deinen Vorlieben richten. Eine gute Mischung sorgt auch hier für Abwechslung und mehr Spaß, ganz besonders, wenn dich Freunde begleiten. Jetzt kommt es nur noch darauf an, dass du mit all dem anfängst und vor allem durchhältst. Und natürlich kannst du nicht schon nach wenigen Tagen mit einer gesünderen Lebensweise Wunder erwarten. Geduld und Beharrlichkeit bringen dich aber sicher zu einer Lebensweise, die dir garantiert, dass du dich gesund und fit fühlst.

8. **Zu einem glücklichen Leben gehört mehr als Gesundheit und Fitness**

Hinweis: *Bei der letzten Aufgabe sollst du Beispiele finden, die die aufgestellte Behauptung konkretisieren und stützen. Im Text finden sich kaum Hinweise, vielmehr gilt es erneut, aus der eigenen Lebenserfahrung passende Beispiele zu gewinnen. Die konkrete Frage an dich selbst, was dich glücklich macht und deinem eigenen Leben Sinn gibt, kann überraschend hilfreich sein und zu Lösungen führen, die dir anfangs nicht sofort einfallen. Nimm dir Zeit zum Nachdenken und Skizzieren verschiedenster Gedanken. Im zweiten Durchgang sortierst und ordnest du deine Gedanken, bevor du mit dem Schreiben beginnst.*

Gliederung als Lösungshilfe

Einleitung

Gesundheit und Fitness – unser höchstes Gut;
aber zu einem erfüllten Leben gehört mehr

Hauptteil

- Unterhalt und Anerkennung durch Arbeit
- Geborgenheit in der Gemeinschaft
- Zufriedenheit durch Übernahme von Verantwortung
- Ziele und Träume geben Antrieb

Schluss

erfülltes Leben gelingt im Zusammenspiel vieler Dinge

Lösungsbeispiel

Es besteht kein Zweifel daran, dass Gesundheit unser höchstes Gut ist und wir alles tun sollten, sie uns zu erhalten. Dem einen gelingt es besser, dem anderen schlechter. Oftmals hat man gar keinen Einfluss darauf. Grundsätzlich ist es aber so, dass man durch gesunde Ernährung, viel Bewegung und erholsame Auszeiten und Entspannung viel dafür tun kann. Und wer regelmäßig um seine Fitness bemüht ist, hat schon sehr viel gewonnen, um sich wohlzufühlen.

Trotzdem gehört zu einem glücklichen und erfüllten Leben noch mehr, zum Beispiel, dass man eine wichtige Aufgabe hat, in der Regel unsere Arbeit. Sie liefert uns nicht nur den nötigen Unterhalt, sondern bietet auch die Möglichkeit, zu zeigen, was man kann und welche besonderen Fähigkeiten man sich angeeignet hat, um Probleme zu lösen, etwas Bleibendes zu schaffen oder anderen zu helfen. Dadurch bekommt man auch Anerkennung, die einen weiter anspornt. Wenn auch die Zusammenarbeit mit den anderen gut klappt, macht man schnell die Erfahrung, dass gerade Arbeit für ein glückliches und erfülltes Leben von großer Bedeutung ist.

Oft findet man in diesem Umfeld schon gute Kameraden oder sogar Freunde. Und die sind für unser Leben ebenfalls unentbehrlich. Trotz Gesundheit und Fitness verliert unser Leben rasch an Qualität, wenn man keinen Anschluss an die Gemeinschaft findet und niemanden an der Seite hat, der einem in weniger guten Zeiten hilft und mit dem man auch die angenehmen Dinge gemeinsam angehen kann. Da ist es ganz wichtig, Kontakte zu knüpfen, gemeinsam viel zu unternehmen und immer darauf zu achten, dass man sich nicht selbst ins Abseits stellt. Mit anderen viel zu unternehmen, bereichert unser Leben in besonderer Weise. Es gibt viel Abwechslung im eigenen Leben, man fühlt sich sicherer und kann auch seine eigenen Stärken einbringen.

In gewisser Weise gehört dazu auch die Übernahme von Verantwortung, indem man sich z. B. ehrenamtlich in einem Verein oder einer gemeinnützigen Einrichtung einbringt. Ob es sich dabei beispielsweise um die Hilfe in einem Seniorenheim, beim BRK oder der örtlichen Feuerwehr handelt, ist nicht das entscheidende, sondern, dass man in irgendeiner Form helfen und sich selbst tatkräftig einbringen kann zum Wohl der anderen. Daraus erwächst auch eigene Zufriedenheit, die letztlich den eigenen Alltag mitbestimmt.

Zu einem glücklichen und zufriedenen Leben gehört schließlich, dass man sich Ziele setzt und auch Träume hat. Da kann es um einen bestimmten Beruf gehen, den man unbedingt anstreben oder in dem man weiterkommen möchte, um eine besondere Anschaffung oder einen längeren Aufenthalt im Ausland. Es ist vielleicht auch die Sehnsucht nach der Geborgenheit in der eigenen Familie und durchaus auch der Traum vom eigenen Haus. Wichtig ist, dass man alles tut, um diese Ziele dann auch tatsächlich zu erreichen und nach seinen Vorstellungen zu leben.

Viele Dinge müssen zusammenspielen und gelingen, um sich ein glückliches und erfülltes Leben zu verwirklichen. Gute Gesundheit und Fitness sind dafür eine wichtige Voraussetzung.

Abschlussprüfung Bayern
Qualifizierender Hauptschulabschluss – Deutsch 2008

Rechtschreibung I und II

1. **Modifiziertes Diktat**

Ohne Stress zur Schule

Krach im Schulbus? / Das muss nicht sein. / In vielen deutschen Städten / fahren Streitschlichter mit. / In Flensburg gibt es seit zehn Jahren ein Projekt, / das von verschiedenen öffentlichen Stellen / und der Polizei ins Leben gerufen wurde. / Es sollte eine Antwort / auf den zunehmenden Vandalismus / und das verstärkt auftretende Mobbing / während der Busfahrt sein. / Eine Sozialpädagogin vermittelte / ausgewählten Schülerinnen und Schülern / das nötige Wissen, / wie man mit konfliktgeladenen Situationen / auf dem Schulweg umgehen kann. (76 Wörter)

Quelle: nach www.jugendpressedienst.de

Hinweis: *Für die Aufgabe erhältst du acht Punkte. Für jeden Fehler wird dir ein Punkt abgezogen. Für fehlende Satzzeichen, Umlautzeichen und i-Punkte wird dir je ein halber Punkt abgezogen. Wiederholungsfehler werden nur einfach gewertet.*
Nach dem Diktieren erhältst du fünf Minuten Zeit, um deinen Text mithilfe des Wörterbuches zu überarbeiten. Wende auch die gelernten Rechtschreibstrategien an.

2. **Rechtschreibstrategien**

Beispielwörter	**Lösungsstrategie**
Bedeutung, **K**rankheit, **T**raurigkeit	Artikelprobe durchführen oder: Auf die Wortendung achten (typische Nomenendungen)
fa**ll**en, We**tt**er, i**mm**er	Überprüfung des Vokals (Selbstlaut): nach kurzem Vokal folgt doppelter Konsonant (Mitlaut)

Hinweis: *Du musst eine Strategie nennen, mit der Nomen (Hauptwörter) erkannt werden können. Dazu eignet sich die Artikelprobe („die" Bedeutung, „die" Krankheit, „die" Traurigkeit). Diese Nomen erkennst du aber auch an den typi-*

schen Nomenendungen „-ung“, „-heit“ und „-keit“.
Im zweiten Fall musst du überprüfen, ob der dem Mitlaut vorausgehende Vokal kurz oder lang gesprochen wird. Der kurz gesprochene Vokal hat die Verdopplung des Mitlauts zur Folge.
Du erhältst für jede sinngemäß richtige Lösung einen Punkt pro Aufgabe.

3. **s – ss – ß ergänzen**

Bewerbungsschreiben – Spiegel deiner Person
Der Berufsberater wei**s**t immer wieder darauf hin, da**s** Bewerbungsschreiben in einer ansprechenden äu**ß**eren Form zu verfassen. Obwohl das jeder wei**ß**, bestätigen Ausbildungsbetriebe, da**ss** viele Bewerbungen aufgrund mangelnder Sorgfalt sofort aussortiert werden. Plu**s**punkte hingegen gewinnt der Bewerber durch zusätzliche Qualifikationen.

Hinweis: *Bei Verben solltest du immer die Grundform des Wortes bilden, denn so siehst du, welche die richtige Schreibweise ist: „weist“ kommt von „weisen“, hier wird der s-Laut in der Grundform weich gesprochen, deshalb werden auch die anderen Wortformen mit „s“ geschrieben. Dagegen kommt „weiß“ von „wissen“. Der scharfe s-Laut wird hier nach langem Vokal zu „ß“. Bei „dass“ und „das“ musst du entscheiden, ob es sich um eine Konjunktion (dass), einen Artikel (das) oder ein Pronomen (das) handelt.*
Diese Aufgabe wird mit zwei Punkten bewertet. Für jeden Fehler wird dir aber ein halber Punkt abgezogen.

4. **Fehlende Satzzeichen ergänzen**

„Die gute konjunkturelle Lage spiegelt sich jetzt auch auf dem Ausbildungsmarkt wider**“,** sagte der Geschäftsführer der Agentur für Arbeit in Bayern. Dass die Zahl der unbesetzten Lehrstellen höher ist als die der Bewerber, hängt vor allem damit zusammen**,** dass sich viele Jugendliche auf wenige Modeberufe stürzen.

Hinweis: *Hier musst du die wörtliche Rede am Satzanfang erkennen. Du solltest auf Wörter wie „sagte“, „rief“, „betonte“ etc. achten, denn sie geben einen Hinweis auf die wörtliche Rede. Die Aufgabe wird mit zwei Punkten bewertet. Für jedes richtig gesetzte Satzzeichen erhältst du einen halben Punkt. Achtung: Wenn du mehr als vier Satzzeichen setzt, wird dir für jedes zusätzliche Satzzeichen ein halber Punkt abgezogen.*

5. **Groß- und Kleinschreibung**

An vielen Schulen werden Streitschlichter eingesetzt. Die Ergebnisse zeigen, dass dieses Konzept funktionieren kann, man berichtet fast nur Gutes von diesen Schulen.

Hinweis: *Diese Aufgabe wird mit zwei Punkten bewertet. Für jeden Fehler, auch wenn du einen Abschreibefehler machst, wird dir ein Punkt abgezogen.*

Textarbeit 1 – Literarischer Text

1. Inhalt des Textes zusammenfassen

Lies den Text bis Zeile 66 noch einmal konzentriert durch und markiere die Schlüsselstellen in jedem Textabschnitt. Anschließend kannst du diese zusammenfassen und niederschreiben. Gib die wesentlichen Inhalte des Textes in eigenen Worten wieder. Damit du dich nicht in Details verlierst, solltest du stets die einzelnen Abschnitte wiederholend lesen. Achte darauf, dass du keine Nacherzählung schreibst! Formuliere im Präsens. Nenne im Einleitungssatz Autor, Titel und Textsorte. Wenn die Textsorte nicht eindeutig ist, schreibst du „In dem Text …"

Im ersten Abschnitt des Textes „Merle" aus dem Buch „Defender" von Andreas Steinhöfel wird geschildert, wie das Mädchen Merle einem kleinen Jungen zu Hilfe kommt, der auf der Straße von zwei größeren Jungen belästigt wird.
Die beiden großen Jungen attackieren den kleineren, der mit seinem Fahrrad unterwegs ist. Zunächst greifen sie ihn nur mit Worten an, aber schließlich packt einer von ihnen auch das Fahrrad des Kleinen. Passanten nehmen absichtlich oder unabsichtlich keine Notiz von dem, was sich da anbahnt, und gehen einfach weiter, ohne die Situation zu klären.
Merle, die aus einiger Entfernung die Szene wahrgenommen hat, läuft ohne zu zögern trotz schwerer Einkaufstaschen auf die kleine Gruppe zu. Sie ist fest entschlossen, helfend einzugreifen. Überfallartig und lauthals maßregelt sie nun die Kinder. Auf diese Weise verjagt sie nicht nur die zwei größeren Jungen, sondern verängstigt auch den kleinen Jungen.
Anschließend bereut sie die unangemessen harte Art und Weise, wie sie die Kinder mit Worten attackierte, und ist mit sich und ihrem unkontrollierten Verhalten sehr unzufrieden.

2. Fremdwörter deutschen Begriffen zuordnen

Bei dieser Aufgabenstellung sollst du den vorgegebenen Begriffen die im Text verwendeten Fremdwörter zuordnen. Folgende Vorgehensweise führt erfahrungsgemäß relativ zuverlässig zum Ziel: Lies den Text aufmerksam durch und markiere alle Fremdwörter. Dabei fallen dir vielleicht schon die ersten passenden Kombinationen ins Auge. Beim ersten Lesen könnte es aber durchaus passieren, dass du einige Fremdwörter gar nicht bemerkst, weil man sie durch den häufigen Gebrauch oft nicht mehr als solche wahrnimmt. Wenn du unsicher bist oder die Bedeutung eines Fremdwortes nicht kennst, kann dir der Duden eine Hilfe sein, da sie dort häufig erklärt sind. Du musst aber unbedingt darauf achten, dass es mehrere Bedeutungen geben kann. Der Textzusammenhang spielt daher immer die entscheidende Rolle.

a) herrschsüchtiger Mensch, Gewaltherrscher – Tyrann (Zeile 59/60)
b) Anreiz, Anstoß – Impuls (Zeile 17)
c) anständiges, gerechtes Verhalten – Fairness (Zeile 82)
d) zusammenstoßen – kollidieren (Zeile 77)

3. **Sprachbilder erklären**

Mit sprachlichen Bildern lassen sich Aussagen besonders anschaulich für den Leser oder Zuhörer machen. Dabei steht der wörtlichen immer auch eine übertragene Bedeutung gegenüber, die du beschreiben sollst. Überlege dabei zunächst, was die Formulierung „ein sicherer Kokon ...“ wörtlich bedeutet. Wenn du das Wort „Kokon“ nicht verstehst, schlage es im Duden nach. Die gewonnene Erkenntnis überträgst du dann auf das Leben von Merle. Hilfreich für die Sinnerschließung ist es auch, wenn du die Textstelle noch einmal genau ansiehst. Hier wirst du feststellen, dass du schon ein Stück weiter bist, wenn du nur den Satz im Text zu Ende liest.
Im zweiten Teil der Aufgabe musst du zwei weitere bildhafte Ausdrücke zitieren, die aber nichts mehr mit dem ersten Sprachbild zu tun haben müssen. Lies den Text dazu noch einmal aufmerksam durch und markiere dir diese ausdrucksstarken Stellen. Es können manchmal auch nur einzelne Wörter sein.

a) **„Ihr Leben war ein sicherer Kokon gewesen ...“** (Zeile 77/78):
Ein Kokon ist zunächst einmal eine Art Hülle, die sich z. B. eine Raupe anfertigt, um sich darin zur Puppe und schließlich zum Schmetterling verwandeln zu können. Hier findet sie die nötige Ruhe. In einem Kokon ist es warm und trocken, die Raupe ist darin vor Wind und Wetter und vor Feinden geschützt, bis sie sich nach ihrer Entwicklung zum Falter selbst schützen kann.
In gewisser Weise lebte auch Merle bisher, wie die Raupe, in einer Art schützender Hülle. Es gab nichts, was ihr bisher große Sorgen bereitet hätte. Auseinandersetzungen mit anderen, schlechte Leistungen in der Schule, Dinge an ihr, über die sich andere hätten lustig machen können – von all dem blieb sie in ihrer Kindheit verschont oder hat sie von sich aus vermieden. So hat auch sie sich eine Art Schutzhülle aufgebaut. Diese Hülle aus Unauffälligkeit und Schweigen ist ihr Kokon.

b) **Zwei weitere bildhafte Ausdrücke:**

- „All die Menschen, die sich um diese winzige Insel herum teilten, ..." (Zeile 7–9)
- „... dass die beiden Älteren sich ... aufplusterten, ..." (Zeile 11–13)

Auch möglich:

- „Sie ... erhob sich über den drei Jungen wie ein mythisches Untier, ..." (Zeile 19–24)
- „... donnerte los wie ein ... herangeschwapptes Gewitter." (Zeile 24–26)
- „... hetzten sie davon wie geprügelte Hunde." (Zeile 35/36)
- „Sie fühlte sich ausgelaugt ..." (Zeile 55/56)
- „Sie hatte es ... völlig vergeigt." (Zeile 57/58)
- ...

4. **Aufgaben zu Abbildungen 1 und 2**

Hinweis zu a: *Um die passende Stelle im Text zu finden, musst du die Aussage des Gedichts kennen. Lies es also gründlich durch. Zum Text „Merle" hast du ja bereits andere Aufgaben bearbeitet, sodass dir der Inhalt des Textes bekannt ist. Eventuell erinnerst du dich schon jetzt an den passenden Abschnitt.*
Wenn nicht, musst du dir den Text noch einmal durchlesen. Gedicht und passender Abschnitt sind sehr klar formuliert, sodass du nicht erst interpretieren oder deuten musst, was gemeint sein könnte. Wenn du die Stelle gefunden hast, schreib sie als Zitat nieder. Satzzeichen und Zeilenangaben nicht vergessen!
Zu b: *Du sollst dich nun zwar bei der Formulierung eines eigenen Gedichts an dem von Erich Fried orientieren, aber unter einer neuen Thematik. In Frieds Gedicht sind Gründe angegeben, die man als Ausreden dafür ansehen kann, dass jemand zum Beispiel in einer bestimmten Situation nicht geholfen hat. In deinem Gedicht mit der Überschrift „Schau nicht weg" musst du Gründe suchen, warum du in einer bestimmten Situation eben doch tätig werden sollst. Die Anzahl der von dir zu findenden Gründe ist vorgegeben und vom Aufbau her hältst du dich eng an das, was du bei dem Gedicht von Erich Fried siehst: jeweils zwei Zeilen, Absätze, Anfänge großgeschrieben, keine Punkte am Satzende, evtl. Frage-, Ausrufezeichen, Doppelpunkt und Komma. Sich an der Vorlage orientieren, heißt aber nicht, dass deine Arbeit exakt identisch aufgebaut werden muss; Abweichungen in engen Grenzen sind möglich. Mindestens vier Gründe musst du anführen. Du erkennst das auch an den zu vergebenden Punkten.*

a) **treffendes Zitat finden**

„All die Menschen, die sich um diese winzige Insel herum teilten, hatten keinen Blick übrig für das, was da vor sich ging. Die nicht sahen oder nicht sehen wollten, dass die beiden Älteren sich im selben Maß aufplusterten, wie der Jüngere in sich zusammensackte." (Zeile 7–14)

Auch möglich:

„Hatte sie schon früher überlegt, wie eine Welt, in der die Schwächeren zum Untergang verurteilt schienen, zu einem besseren Ort gemacht werden könnte? Bis auf den Spruch ihrer Mutter [...] konnte sie sich an nichts erinnern." (Zeile 83–91)

„Und was hatte ihr Einsatz schon gebracht? Wie vielen kleinen Jungen weltweit war es in diesem Moment genauso ergangen? Wie oft hatte sich diese Geschichte in den letzten Stunden und Minuten abgespielt, wie oft würde sie sich in Zukunft noch wiederholen?" (Zeile 60–66)

b) **Eigenes Gedicht verfassen**

Schau nicht weg!

Weil jemand deine Hilfe braucht
und kein anderer da ist, der Mut hat

Weil du selber mal Hilfe brauchst
und dann hoffst und bangst

Weil wenigstens einer
gegen den Strom schwimmen sollte

Weil du dich sonst fragen musst:
Bin ich besser als die auf der anderen
Seite?

Noch einige Möglichkeiten:

Weil du genau der bist,
auf den es jetzt ankommt

Weil dich dein schlechtes Gewissen
quälen wird, wenn du es doch tust

Weil jemand Angst hat
und dich nicht verstehen würde

...

5. **Zu Merles Verhalten Stellung nehmen**

Hinweis: *Zu einer bestimmten Textstelle sollst du deine begründete Meinung abgeben. Es sind bei dieser Stellungnahme zwei Seiten zu betrachten: War das Verhalten von Merle angebracht und angemessen oder war es überflüssig, dass sie sich eingemischt hat. War ihr Auftreten vollkommen übertrieben?*
Überlege, welche Position du einnehmen willst. Bist du der Meinung, dass Merles Verhalten richtig war? Oder denkst du, dass sie falsch gehandelt hat? Du kannst natürlich auch zu dem Ergebnis kommen, dass hier keine klare Entscheidung

möglich ist, dann nimmst du eine abwägende Haltung ein. Du musst in diesem Fall in deiner Antwort deutlich machen, dass es für dich keine eindeutige Pro- oder Kontra-Position gibt. Notiere dir zunächst alle Argumente, die dir dazu einfallen, bringe sie anschließend in eine sinnvolle Reihenfolge und führe sie dann aus. Schließe deine Stellungnahme mit einem Ergebnis ab: „Deshalb bin ich der Meinung, dass ..."
Am Punkteumfang kannst du dich gut orientieren, wie ausführlich du schreiben sollst. Bei zwei zu vergebenden Punkten auf den Inhalt und zwei für die Sprache ist es durchaus angebracht, vier Aspekte zu beleuchten, je zwei für jeden Blickwinkel.

Nach ihrem beherzten, aber heftigem Eingreifen kommen Merle erhebliche Zweifel an ihrem Verhalten. Sie fragt sich ernsthaft, ob es richtig und angemessen war, die Jungen so ungestüm zurechtzuweisen. In der Tat kann man darüber streiten, ob es der richtige oder falsche Entschluss war.
Dafür, dass es der richtige Entschluss war, spricht auf jeden Fall, dass sie im Gegensatz zu allen anderen Passanten den Vorfall nicht einfach ignorierte, sondern eingriff. Die Gefahr, dass dem kleinen Jungen etwas Ernsthaftes hätte passieren können, ließ sie instinktiv handeln. Oft genug erfährt man aus den Medien von ähnlichen Vorfällen mit schlimmem Ausgang. Das erklärt auch, warum sie so energisch und ohne Vorwarnung eingeschritten ist.
Sie konnte nicht wissen, wie die Jungen reagieren würden, und ist daher, sozusagen schon vorbeugend, ziemlich wild aufgetreten, um ihnen gar keine Gegenwehr zu ermöglichen. Dass die beiden sofort die Flucht ergriffen, zeigt den Erfolg ihres Vorgehens.
Dafür, dass ihr Verhalten nicht ganz in Ordnung war, spricht allerdings das Verhalten des kleinen Jungen, also des Opfers, der kurz davor war, zu weinen, und ebenfalls sehr betroffen davonstürzte. Das gibt zu denken. Hier ist Merle offensichtlich zu weit gegangen. Sie fuhr den verängstigten Jungen genauso heftig an wie die beiden Übeltäter und machte ihm Vorwürfe, was er in dieser Situation gar nicht brauchen konnte.
Auch die beiden Älteren waren trotzdem Kinder und keine ihr überlegenen angriffslustigen Schlägertypen. Mit einigen nachdrücklich gestellten Fragen wäre die Sache eventuell zu lösen gewesen. Vielleicht hätte der Kleine so viel Mut gehabt, sich noch selbst beherzt zur Wehr zu setzen, und so erfahren, dass man damit Erfolg haben kann. Diese Chance hat sie ihm aber nicht gelassen.
So kann ich mir letztlich doch gut vorstellen, dass Merle besser noch gewartet hätte und vielleicht eher schlichtend und nicht so heftig hätte einschreiten sol-

len. Es waren eben doch Kinder. Alle Beteiligten hätten so den Ort der Auseinandersetzung nicht als Unterlegene verlassen müssen, auch Merle nicht.
Aus den dargelegten Gründen bin ich der Meinung, dass Merles Verhalten einerseits zwar nicht ganz angemessen war, es andererseits aber Mut dazu gehört, in einer brenzligen Situation einzugreifen und einem Schwächeren zu helfen.

6. **Eine Situation beschreiben, die Mut erfordert**

Um eine passende Situation zu finden, gehst du am besten gedanklich verschiedene Lebensbereiche durch, in denen du eigene Erlebnisse hattest oder beobachten konntest. Vielleicht sind dir Ereignisse, die zum Thema passen könnten, auch in den Medien begegnet. Beachte aber, dass du jetzt ganz persönlich angesprochen bist und du dein Handeln in einer solchen Situation beschreiben musst. Das gelingt eigentlich immer dann recht gut, wenn du gedanklich in die Rolle desjenigen schlüpfst, der eingreifen muss.

Dass es immer wieder Situationen gibt, die mutiges Eingreifen erforderlich machen, habe ich selbst erlebt und im Nachhinein weiß ich auch, dass mein Vorgehen richtig war.
Seit längerer Zeit ist mir in meiner Klasse ein Junge aufgefallen, der in den Pausen von älteren Jungs umlagert und offensichtlich gehänselt wurde. Nun war er immer schon ein Einzelgänger, hatte auch nie signalisiert, dass er etwas mit uns zu tun haben wollte, und durfte sich praktisch nicht wundern, wenn solche Vorfälle fast schon als normal von uns angesehen wurden. Berührt hat mich das aber schließlich doch, weil er jedes Mal verweinte Augen hatte. Es waren immer dieselben Typen, die ihn offensichtlich immer stärker attackierten, später auch auf dem Schulhof. Als mir das auch außerhalb der Schule auffiel, habe ich ihn angesprochen.
Dass er gemobbt wurde, konnte ich aus seinen Äußerungen deutlich erkennen. Unter Tränen hat er mich gebeten, ja keinem etwas zu sagen, weil er die Großen unheimlich fürchtete und seine Eltern nicht verstehen würden, dass er hin und wieder heimlich Geld nahm, um deren Forderungen nachzukommen. Auch ich hatte vor den großen Jungen Angst, weil sie schon des Öfteren äußerst unangenehm durch ihre Raufereien und Beleidigungen aufgefallen waren.
Trotzdem konnte ich nicht einfach zusehen.
Ich habe mit meinen Freunden darüber gesprochen und gleichzeitig versucht, den Jungen zu bewegen, dass er sich uns anschließt, und zwar in der Schule und in der Freizeit. Das hat den Übeltätern klargemacht, dass er nicht mehr

allein stand und sie auch mit uns zu rechnen hatten. Er selbst bekam dadurch mehr Selbstbewusstsein.
Meinem Klassenlehrer, mit dem man über solche Dinge sehr gut reden konnte, habe ich mich dann ebenfalls anvertraut. Das Problem Mobbing wurde von ihm im Unterricht aufgegriffen und damit hat er alle in der Klasse sensibel gemacht, ohne dass jemand direkt benannt wurde. Das war mir sehr wichtig. Er war es auch, der später mit den Eltern aller Jungen gesprochen hat, deutliche Worte mit denen der Übeltäter, aber auch klärende mit denen des Opfers.
Schließlich bat ich auch meine Eltern um Unterstützung, was aber eigentlich nicht mehr nötig war. Doch diese Sache ist mir sehr nahe gegangen und ich war mir nicht sicher, ob ich mich so stark hätte einmischen sollen. Da war mir das Gespräch mit ihnen sehr wichtig. Es hat mich gefreut, dass sie mein Eingreifen als mutig ansahen.

7. **Respektvoller Umgang miteinander ist unverzichtbar (Beispiele)**

Hinweis: *Bei dieser Aufgabe musst du ähnlich vorgehen wie bei Aufgabe 6, denn auch hier sind eigene Beispiele zu finden. Suche nach Situationen, in denen Menschen miteinander zu tun haben. Das kann in der Schule sein, am Arbeitsplatz, in der Freizeit, in der Begegnung mit Menschen, die eine andere Meinung haben als wir, mit ausländischen Mitbürgern …*
Beachte in jedem Fall, dass Beispiele aus verschiedenen Bereichen anzuführen sind und es immer um den respektvollen Umgang miteinander geht. Beschreibe jeweils zuerst die Situation und zeige dann auf, warum dieser menschliche Umgang miteinander für das Zusammenleben so wichtig ist.

Gliederung als Lösungshilfe

Einleitung

Respekt als Basis für menschliches Miteinander

Hauptteil

Respektvoller Umgang

- gegenüber älteren Menschen
- gegenüber ausländischen Mitbürgern
- an der Arbeitsstelle
- innerhalb der Familie
- gegenüber Kindern

Schluss

Respekt als Garantie für eine menschliche Gesellschaft

Lösungsbeispiel

Merle, so erfahren wir im Text, erinnert sich an einen Spruch ihrer Mutter, den man belehrend so oder in ähnlicher Form jemandem sagt, dessen schlechtes Verhalten aufgefallen ist: „Was du nicht willst, das man dir tu, das füg auch keinem anderen zu!“ Er soll darauf hinweisen, dass respektvoller Umgang miteinander – und das gilt grundsätzlich in unserer Gesellschaft – unverzichtbar ist, um miteinander auszukommen. An einigen Beispielen möchte ich das aufzeigen. Gleichzeitig wird damit auch klarer, was ich mir unter Respekt vorstelle.

Oft wird uns Jugendlichen vorgeworfen, wir hätten keinen Respekt mehr vor dem Alter. Das ist aber vielmehr ein grundsätzliches Problem und nicht eines, das für junge Leute typisch wäre. Wenn alte Menschen im Alltag von vielen Dingen ausgegrenzt werden, weil man meint, sie würden vieles nicht mehr verstehen, ist das ein respektloses Verhalten. Alte Menschen haben eine lange Lebensgeschichte hinter sich mit unendlich vielen Erfahrungen, die einem selbst wertvolle Hilfe sein können. Liebe- und verständnisvoll mit ihnen umzugehen, zu helfen, wenn sie sich selbst nicht mehr helfen können, ist respektvolles Verhalten, das ihnen zusteht. Es sind Zeichen des Dankes für das, was sie im Leben geleistet haben. Die Freude darüber kann auch uns anstecken. Eine Gesellschaft, die ihre alten Menschen respektvoll behandelt, hat einen Gewinn.

Den haben wir ebenfalls, wenn sich ausländische Mitbürger bei uns so wohlfühlen, wie wir es uns als Fremde in einem anderen Land auch wünschen würden. Respektvolles Verhalten ihnen gegenüber bedeutet Hilfsbereitschaft, Achtung vor dem, was diese Menschen ausmacht: ihre Sprache, ihr Aussehen, ihre Sitten und ihr Glaube. Eine Gesellschaft kann von Menschen aus anderen Herkunftsländern lernen, es kommt zu neuen Freundschaften und durch das bessere Verständnis auch zu einer anderen Sichtweise auf fremde Länder. Im Rahmen der Globalisierung ist das eine unbedingte Notwendigkeit.

Respektvoller Umgang untereinander muss vor allem auch ein Thema am Arbeitsplatz sein. Wenn hin und wieder der Ton vielleicht ein bisschen rauer ist und man nicht immer mit Samthandschuhen angefasst werden kann, sind dennoch Grundsätze einzuhalten, die ein Zusammenarbeiten und menschliches Umgehen miteinander ermöglichen. Dass man sich gegenseitig hilft, „Bitte“ und „Danke“ auch hier nicht fehlen dürfen und man vom Chef geachtet und mal gelobt wird, steigert die Arbeitsmoral. Und das wiederum kommt dem Betrieb zugute und nutzt letztlich der gesamten Gemeinschaft. Motivierte, zufriedene Mitarbeiter sind die Voraussetzung für gute Umsätze.

Ohne respektvolles Verhalten klappt auch das Zusammenleben in einer Familie nicht. Wenn Fernseher und PC, zweifelhaften „Stars“ in ebensolchen Talkshows oder Freunden, die eigentlich gar keine sind, mehr Gehör und Achtung geschenkt werden als den eigenen Eltern, die ihren Kindern Wege ebnen wollen, dann stimmt etwas nicht. Wertvolle Erfahrungen, aus denen gut gemeinte Hilfen erwachsen könnten, wichtige Ratschläge und materielle Unterstützung verfehlen dann ihre Wirkung und ihr Ziel. Den Eltern Respekt entgegenbringen bedeutet, ihnen zuzuhören, mit ihnen gemeinsam Lösungen für Probleme zu suchen, Zeit für Gemeinsames zu haben. Man schätzt ihre Erfahrungen und ihren Einsatz und ist auch da, wenn sie einen brauchen. Was Kinder und Jugendliche in der Familie mitbekommen, können sie später, wenn sie als Erwachsene unsere Gesellschaft mitgestalten, einsetzen.
Umgekehrt gilt das aber auch gegenüber den Kindern. Einen respektvollen Umgang mit ihnen kann man sich gar nicht wegdenken. In den Medien erfährt man fast tagtäglich das Gegenteil. Gerade die Kleinsten, die ihre Not niemandem erzählen können, leiden oft. Das müssen nicht immer Schläge sein: mangelnde Zuwendung, Lieblosigkeit, fehlendes Lob, Streit der Erwachsenen untereinander, Vernachlässigung – die Bandbreite kann riesig sein. Daraus erwachsen zunehmend Angst, Misstrauen und Wut. In der Schule kann es dann Schwierigkeiten geben, das Kind versagt, bekommt eventuell keine Lehrstelle und die Probleme nehmen zu. Damit ein Kind später Chancen hat in unserer Gesellschaft und sie auch mitgestalten kann, ist der respektvolle, freundliche Umgang nicht wegzudenken.
Eine Welt ohne Respekt kann und will ich mir gar nicht vorstellen. Wenn man allein den Personengruppen, die ich in meiner Arbeit angesprochen habe, keinerlei Respekt entgegenbringen würde, keine Spur von Wertschätzung, Anerkennung, Verständnis und Toleranz, hätten wir wahrscheinlich eine Gesellschaft voller Gewalt, Hass und Not. Es würde ständig „knirschen“ und Glück, Zufriedenheit und Wohlstand dürften dann Fremdwörter sein. Erst Respekt schafft eine menschliche Gesellschaft, in der es sich zu leben lohnt.

Textarbeit 2 – Diskontinuierlicher Sachtext

1. Inhalt des Textes zusammenfassen

Hinweis: *Um den Inhalt des Textes in nur wenigen Sätzen wiedergeben zu können, musst du ihn sehr aufmerksam lesen. Gehe möglichst abschnittsweise vor und achte darauf, wann ein neuer Gedanke beginnt. Wenn du die entsprechenden Schlüsselstellen markierst, kannst du diese abschließend zusammenfassen und niederschreiben. Damit du dich nicht in Details verlierst, solltest du immer wieder größere Textabschnitte wiederholend lesen. Meist beginnt übrigens ein neuer Abschnitt auch mit einem neuen Gedanken. Beginne deine Zusammenfassung mit einem kurzen Einleitungssatz, in dem du Titel, Autor und Textsorte nennst; bei Zeitungsartikeln solltest du auch das Erscheinungsdatum angeben. Achte darauf, dass du die wesentlichen Inhalte in eigenen Worten wiedergibst. Formuliere im Präsens.*

In dem vorliegenden SZ-Artikel „Meine virtuellen Freunde“ vom 26. 11. 2007 beleuchtet Titus Arnu den Drang der Jugendlichen nach Internet-Kontakten per Chat und E-Mail, die Gründe dafür und die daraus drohenden Gefahren.
Sophie, ein 15-jähriges Mädchen, ist stolz auf ihre große Zahl virtueller Freunde, von denen sie die wenigsten persönlich kennt. Der Leser erfährt, dass sich praktisch ihr gesamter Tagesablauf um die Kontaktaufnahme und „Pflege“ dieser Scheinfreundschaften dreht und kaum noch Zeit für sie selbst und ihre Familie übrig bleibt.
Für einen großen Teil der Kinder und Jugendlichen finden soziale Kontakte, wie man im Text erfährt, überwiegend virtuell statt, also über das Internet. Bei vielen von ihnen mündet das in eine entsprechende Abhängigkeit mit teilweise bedenklichen körperlichen und seelischen Folgen. Von der Vernachlässigung der Schule über Schlafmangel bis zu Ernährungsproblemen ist alles vertreten. Die Gründe für dieses unvernünftige, ja gefährliche Verhalten kennt man. Es ist die Suche nach positiven Erlebnissen und in gewisser Weise das Streben nach Macht. Zur richtigen Krankheit, die behandelt werden muss, wird das Ganze, wenn die Betroffenen durch Gewöhnung ans Dauersurfen in einen echten Teufelskreis der Internetsucht geraten. Am Schluss des Textes wird noch auf Expertenmeinungen hingewiesen, die in diesem exzessiven Verhalten Jugendlicher eher einen Entwicklungsabschnitt sehen, der auch nach längerer Dauer rasch wieder enden kann.

2. **Fremdwörter deutschen Begriffen zuordnen**

Hinweis: *Bei dieser Aufgabenstellung sollst du den vorgegebenen Begriffen die im Text verwendeten Fremdwörter zuordnen. Gehe am besten so vor: Lies dir den Text gründlich durch und markiere alle Fremdwörter. Dabei fallen dir vielleicht schon die ersten passenden Kombinationen ins Auge. Lies den Text, wenn nötig, ein zweites Mal, denn es könnte beim ersten Lesen durchaus passieren, dass du manche Fremdwörter gar nicht bemerkst, weil man sie durch den häufigen Gebrauch oft nicht mehr als solche wahrnimmt. Wenn du unsicher bist oder die Bedeutung eines Fremdwortes nicht kennst, sieh in den Duden, dort ist häufig die Bedeutung der Fremdwörter angegeben. Du musst unbedingt darauf achten, dass es manchmal mehrere Bedeutungen geben kann. Der Textzusammenhang spielt daher immer die entscheidende Rolle.*

a) Wirkung, Ergebnis	– Effekt (Zeile 78)
b) Stoff	– Substanz (Zeile 61)
c) übermäßig, ausschweifend	– exzessiv (Zeile 54)
d) sich verständigen, in Verbindung stehen	– kommunizieren (Zeile 25)

3. **Folgen übertriebener Internetnutzung**

Hinweis: *Hier kannst du sicher auf ein breites Erfahrungswissen zurückgreifen, sodass dir beim Lesen des Textes die zutreffenden Aussagen rasch auffallen werden. Markiere sie zuerst und wähle anschließend die folgenreichsten aus. Diese notierst du dann in Stichpunkten. Das können einzelne Wörter oder Wortgruppen sein. Im Beispiel findest du die Folgen in Gruppen zusammengefasst, aber auch nur vier davon, einzeln notiert, sind möglich.*

- Vernachlässigung von Schule, Freunden und anderen Interessen
- Nervosität und Unruhe, Verstimmung und Aggressionen bei Entzug
- zu wenig Schlaf und Bewegung
- Ernährungsmängel

(Zeile 50–58)

4. **Sprachbild erklären**

Hinweis: *Mit einem sprachlichen Bild lässt sich eine Aussage besonders anschaulich für den Leser oder Zuhörer machen. Dabei steht der wörtlichen immer auch eine übertragene Bedeutung gegenüber, die du beschreiben sollst. Versetze dich bei dieser Aufgabe in die Situation eines Tauchers, der die Tiefen eines klaren Sees, die Unterwasserwelt im Meer erkundet. Stelle dir vor, wie er sich fühlt. Denke* *an Raum und Zeit. Vergegenwärtige dir dann, was man unter einer virtuellen Welt versteht. Der Duden kann dir bei der Erklärung helfen. Bei der Sinnerschließung dieser bildhaften Redewendung, die du immer auch im Textzusammenhang betrachten musst, hilft es, wenn du dir den Text noch einmal gründlich durchliest.*

„Abtauchen in die virtuelle Welt" (Zeile 39):
Mit dem Ausdruck „Abtauchen in die virtuelle Welt" stellt der Verfasser des Textes quasi eine Verbindung zum Tauchen her. Wer taucht, befindet sich plötzlich in einer anderen Welt. Auf die konzentriert er sich nun und ist fasziniert von dieser Unterwasserwelt. Was ihn über Wasser umgeben hat, das Laute, Unangenehme, die Hektik und all die Forderungen an ihn, ist unter Wasser erst einmal vergessen.
Wenn ein Jugendlicher im Internet chattet, E-Mails versendet, dadurch „Freunde" gewinnt und eigentlich all das erreicht, was er will, vergisst er ebenfalls rasch die Realität um sich herum. Doch das ist nicht real, nur scheinbar die Wirklichkeit. Er taucht also ab in eine virtuelle Welt, eine Traumwelt, in der er, ähnlich wie ein Taucher, all das vergessen kann, was ihn fordert, belastet und was er nicht mag.

5. **Karikatur erläutern**

Hinweis: *Ein paar grundlegende Dinge zur Karikatur: Du weißt, dass eine Karikatur bewusst übertreibt und das Charakteristische an Personen und Vorgängen verzerrt und überzeichnet. Diese Widersprüche zur Wirklichkeit musst du herausfinden, darüber nachdenken und deine wichtigsten Erkenntnisse formulieren.*
Achte hier z. B. auf die Gesichtsausdrücke der beiden Personen, schätze ihr Alter und sieh dir dann an, was sie dem jeweils anderen schriftlich mitteilen. Rasch dürfte dir klar werden, dass sich das nicht miteinander in Einklang bringen lässt und der Zeichner eine deutliche Warnung mit seiner Karikatur verbindet. Das erläuterst du auf ca. einer halben Seite.

In der Karikatur sitzen zwei Menschen am Computer, die miteinander chatten. Das Mädchen im linken Bild ist anscheinend der Meinung, dass sie es mit einem 16-jährigen Jungen mit langen Haaren zu tun hat, dem Hip-Hop gefällt und der sich im Fitnesscenter in Form hält. So jedenfalls hat es der vermeintlich 16-Jährige im rechten Bild dem Mädchen offenbar geschrieben. Allerdings entpuppt dieser sich in Wirklichkeit als älterer Mann mit Glatze und Stoppelbart. Sein Gesichtsausdruck lässt nicht die besten Absichten vermuten. Das

Mädchen findet dagegen ihren neuen virtuellen Internetpartner interessant. Sie lächelt und erkundigt sich, was er denn nach der Schule macht.
Diese Karikatur ist eine Warnung an alle, die sich blauäugig und gutgläubig darauf verlassen, was sie auf ihrem Monitor sehen. Das von dem Mann Geschriebene entspricht nicht der Wahrheit. Man kann sich durchaus vorstellen, dass sich dahinter schlimme Absichten verbergen, seine Lügen dazu dienen, das Mädchen in Sicherheit zu wiegen.
Umgekehrt ist das junge Mädchen auf die Ehrlichkeit ihres Chat-Partners angewiesen, da sie ihn ja nicht real vor sich hat. Vertraut sie den Worten dieses vermeintlichen „Freundes" blind, wird sie immer mehr Privates von sich preisgeben. Sie verirrt sich in einen Chat mit vielen Gefahren.
Der Zeichner präsentiert eine der zahlreichen Schwachstellen und verhängnisvollen Möglichkeiten, die sich in Verbindung mit dem Chat, der E-Mail und überhaupt der gesamten Kommunikation im Internet auftun. Ohne den anderen persönlich zu kennen, kritisch zu hinterfragen und sich in alle Richtungen abzusichern, bleibt die Kommunikation im Internet ein virtuelles Abenteuer mit zahllosen Unwägbarkeiten und Gefahren. Vorsicht ist geboten!

6. **Aussage erklären; Beispiele finden**

Hinweis zu a: *Aus dem vorliegenden Schaubild lässt sich anhand der abgedruckten Zahlen und Prozentsätze die Häufigkeit der Internet-Nutzung relativ leicht ablesen. Du musst dich auf den Wert von Deutschland konzentrieren, weil nur dieser in seinem Wachstum aufgelistet wird. Beziehe aber auch den Ländervergleich in deine Ausführungen mit ein.*
Zu b: *Am besten stellst du dir zunächst einige Fragen, die dir die Auswahl von Beispielen erleichtern können: Gewinnt man durch die Internetnutzung Zeit? Ist sie durch Informationen, die man abrufen kann, eine Hilfe für Ausbildung und Beruf? Ist sie ein Zugewinn für die Freizeitgestaltung? In jedem Fall musst du dich bemühen, sinnvolle Möglichkeiten zu finden, die jeder kritischen Überprüfung standhalten. Beschreibe sie jeweils sehr konkret. Hier kannst du selbst-verständlich deine eigenen Erfahrungen einbringen. An den zu vergebenden Punkten orientiert, wären vier Beispiele denkbar.*

a) **Aussage mithilfe von Abbildung 2 erklären**

Der Umgang mit dem Internet wird für den Einzelnen immer wichtiger, er wird allmählich zum Standard. Die Zahlen in Abbildung 2 sprechen diesbezüglich für sich.

In allen dort aufgeführten Ländern nutzen jeweils schon mehr als die Hälfte – in einigen schon mehr als drei Viertel – aller Einwohner das Internet. Alle Länder liegen über dem westeuropäischen Durchschnitt, auch Deutschland mit 60 Personen pro 100 Einwohner. Von 2004 bis 2010 ist in Deutschland eine fast gleichmäßige durchschnittliche Steigerungsrate von ca. 4,3 % zu verzeichnen, wobei es insbesondere von 2003 auf 2004 einen kräftigen Zuwachs gab (9 %), und auch in den Jahren 2005 und 2006 war dieser mit jeweils 6 % relativ hoch. Für die Jahre 2009 und 2010 wird jeweils ein Zuwachs von 3 % geschätzt, insgesamt also ein Zuwachs von 6 Nutzern pro 100 Einwohner.

Auch der Ländervergleich insgesamt unterstreicht die zunehmende Bedeutung dieses Mediums in der Bevölkerung. So nutzten allein in fünf der in der Abbildung verzeichneten Länder zum Ende des Jahres 2006 im Durchschnitt dreiviertel ihrer Einwohner das Internet, in Deutschland mehr als jeder zweite Bundesbürger, mit deutlich steigender Tendenz auch in den Folgejahren.

b) **Beispiele für sinnvolle Möglichkeiten der Internetnutzung**

In Beruf und Privatleben eröffnen sich mittlerweile unzählige sinnvolle Möglichkeiten der Internetnutzung, die uns in irgendeiner Form die Arbeit erleichtern oder vieles angenehmer machen. Nur wenige können hier kurz aufgezeigt werden.

Um Zeit zu sparen und kostengünstig zu produzieren, sind viele Betriebe auf die Möglichkeit einer schnellen Kommunikation angewiesen. Egal, ob es z. B. um Bestellungen für das Warenlager geht, Auftragsbestätigungen, die rasch zum Kunden müssen, oder um die Einsicht eines Monteurs in Spezialpläne, die bei seiner Firma zu Hause gespeichert sind, – per Internet ist das alles rasch zu erledigen.

Den Beruf eines Berichterstatters im Ausland, der für seinen Fernsehsender oder seine Zeitung Bilder, Filme und Texte übermitteln muss, kann man sich ohne Internet gar nicht mehr vorstellen. Hier geht es nach dem Motto „Wer zuerst kommt, mahlt zuerst!". Das Material muss topaktuell möglichst noch vom Ort des Geschehens an den Auftraggeber übermittelt werden. Das lässt sich eben per Internet gut lösen.

Aber auch im privaten Bereich hat das Internet längst seinen Siegeszug angetreten. Onlinebanking ist in vielen Haushalten schon eine gängige Form, seine Geldgeschäfte mit der Bank zu regeln. Das spart Wege, Zeit und Kosten. Der Kauf von Waren über das Netz ist heute selbstverständlich geworden, selbst der Verkauf als privater Anbieter klappt prima.
Die Urlaubsplanung lässt sich mithilfe des Internets bis ins letzte Detail unter Dach und Fach bringen. Von der Buchung des Fluges, über die gewünschte Unterkunft bis hin zur Bestellung des Mietautos am Urlaubsort und der Einrichtung aller Zusatzversicherungen kann wiederum zeit- und kostengünstig alles festgemacht werden. Selbst die zu erwartende Zimmereinrichtung und das Frühstücksbüfett können so schon mal virtuell begutachtet werden.
Dass man als Schüler und Lernender über das Netz ohne große Probleme an sämtliche Informationen herankommt, sich mit anderen austauschen und Probleme „besprechen“ kann, eröffnet Hilfen, die man früher in dieser Fülle und Qualität kaum hatte.

7. **Im wirklichen Leben Anerkennung erlangen**

Hinweis: *Auch hier musst du aus deinem Erfahrungsschatz schöpfen. Der Lebensraum der Jugendlichen ist angesprochen, sodass es dir nicht allzu schwer fallen dürfte, Beispiele zu finden, wie man auch als junger Mensch Anerkennung erlangen und sogar positives Vorbild sein kann. Denke z. B. an Leistungen, die man in einem Verein erbringt, in einer gemeinnützigen Einrichtung, natürlich in der Schule, aber auch in der Familie und im Freundeskreis, um nur einige Bereiche anzusprechen. Zum einen erläuterst du dann jeweils, wie eine Anerkennung überhaupt zu erlangen ist, und zum anderen, für wen der- oder diejenige schließlich ein positives Vorbild darstellt und warum. Beginne am besten mit einer kurzen Einleitung, in der du dich auf die Textvorlage beziehst.*

„Im Netz bin ich wer“, gaben jugendliche Online-Spieler zu Protokoll. Hier haben sie Einfluss, können erfolgreich entscheiden und üben in gewisser Weise Macht aus. Selbstverständlich können Jugendliche aber auch im wirklichen Leben „wer“ sein, Anerkennung erlangen und als positive Vorbilder wirken.
Das beginnt bereits in der Schule. Wird man hier zum Klassen- oder gar Schulsprecher gewählt, hat man in verantwortlicher Position wichtige Aufgaben. Man bringt die Anliegen seiner Mitschüler an die Lehrkräfte, manchmal auch an den Schulleiter heran und bemüht sich, in den entsprechenden Versammlungen etwas Positives für seine Klassen- oder Schulgemeinschaft zu erlangen.

Das bringt einem Anerkennung bei seinen Mitschülern und den Erwachsenen ein und spornt auch andere an, sich mutig, aber nach den gegebenen Regeln, für berechtigte Interessen einzusetzen.
Wenn man sich engagiert im Unterricht einbringt, Kraft und Zeit in seine Lernarbeit investiert, hat das nichts mit Streberei, sondern mit Klugheit zu tun. Die Noten werden besser, das Wissen umfangreicher und obwohl man ja nicht für die Lehrer und die Eltern lernt, kann man deren Lob und damit Anerkennung gut gebrauchen, weil das weiter anspornt. Und es gibt viele Schüler und auch Geschwister, für die man damit Vorbild ist, dem sie nacheifern möchten.
Im Sport wird das ganz besonders deutlich. Ich selbst schwimme im Verein, habe ein hartes Training, aber auch sehr gute Erfolge über unseren Landkreis hinaus. Wenn einen Trainer und Zuschauer anspornen, man hinterher mit Medaille oder Pokal geehrt wird oder gar ein Foto in der Zeitung ist, erfährt man große Anerkennung. Für andere wird man da zum Vorbild.
Ähnlich ist das, wenn man ehrenamtlich in einem Verein tätig ist, z. B. bei der Feuerwehr oder beim Tierschutzverein. Wer sich hier engagiert, hilft anderen in seiner Freizeit und nimmt Mühen auf sich. Aber gerade das wird anerkannt und ist „ansteckend". Auch hier ist man Vorbild für viele. Diese Leistungen finden sogar Anerkennung in Urkunden, die später dem Zeugnis beigelegt werden können. Bei der Suche nach einer Ausbildungsstelle kann einem das helfen, weil Arbeitgeber darauf schauen.

8. **Stellung nehmen: Können virtuelle Freunde echte Freunde ersetzen?**

Hinweis: *Bei diesem Auftrag bist du gefordert, ein Thema aus zwei Blickwinkeln zu betrachten. Auch, wenn du dich ganz spontan für eine Antwort entscheiden würdest, ist es dennoch wichtig, zu überlegen, was für die jeweils andere Möglichkeit sprechen könnte, denn der Arbeitsauftrag lautet „Vergleiche".*
Aus den Erfahrungen, die du im Umgang mit den eigenen Freunden gemacht hast, kannst du sicher zahlreiche Punkte für eine zielgerichtete Argumentation verwenden, die sich mit den „echten" Freunden befasst.
Skizziere zunächst viele dieser Gedanken, ordne sie der einen oder anderen Seite zu und bringe sie auch von ihrer Wichtigkeit her in eine entsprechende Rangfolge. Nach einer passenden Einleitung, in der du zum Thema hinführst, erläuterst und begründest du im Hauptteil die verschiedenen Punkte. Deine konkreten Beispiele müssen deine Aussagen überzeugend untermauern.
Um eine Ordnung in die Gedanken zu bringen und der Gefahr zu begegnen, dass du wichtige Punkte vergisst, solltest du dir anhand deiner Notizen eine kurze

Gliederung erstellen. Sie bietet dir die Gewähr einer logischen Abfolge der Gesichtspunkte und Argumente. Eine abschließende Gesamtbewertung rundet deine Ausführungen ab.

Gliederung als Lösungshilfe

Einleitung

Neues Hobby: „Freunde“ sammeln

Hauptteil

1. Virtuelle Freunde
   a) kurze Beschreibung des Begriffs
   b) Kontaktaufnahme ohne Hürden
   c) Unverbindlichkeit macht mutig
   d) Zeit und Kosten werden gespart
   e) „falsche“ Freunde und Datenmissbrauch
   f) soziale Isolation
2. „Echte“ Freunde
   a) Suche nach echten Freunden bringt Erfahrung
   b) Weg kann auch beschwerlich sein
   c) Gruppe bietet Geborgenheit
   d) Rat und Tat nur durch „echten“ Freund möglich

Schluss

Virtuelle Freunde kein Ersatz für „echte“ Freunde

Lösungsbeispiel

Mit dem zunehmendem Siegeszug des Internets hat sich für unzählige Menschen eine ganz neue Freizeitbeschäftigung aufgetan: „Freunde“ sammeln. Auch diejenigen, die bislang wenige Möglichkeiten hatten, Freunde zu finden, haben plötzlich eine ganze Sammlung davon – im Datenspeicher. Viele haben gleichzeitig auch „echte“ Freunde. Die Frage „Können virtuelle Freunde die ‚echten‘ Freunde ersetzen?“ ist da durchaus berechtigt.

Bei einem virtuellen Freund ist es so, dass man ihn normalerweise gar nicht sieht. Also seine Statur, seine Haare, Augen, wie er sich bewegt, spricht und denkt, kann nur aus dem, was er schreibt, abgeleitet werden. Außer er schickt später mal ein Foto.

Im Chat findet jeder in der Tat schnell Kontakt und kann sich ganz zwanglos mit den einzelnen Partnern unterhalten. Für eher schüchterne Typen mag das schon ein Vorteil sein, vor allem, wenn jemand sowieso Hemmungen hat wegen seines Aussehens oder echte Kontakte gar nicht gerne mag. Diese

Hürden gibt es hier nicht und man kann rasch losplaudern. Rat einholen und geben ist genauso möglich wie das Gespräch über ganz private Dinge oder das Kräftemessen im Computerspiel.
Auch im Chat können diese Kontakte natürlich mit der Zeit gefestigt werden und die Unverbindlichkeit, mit der das Ganze geschieht, macht auch mutiger. So erwachsen daraus durchaus intensivere Beziehungen, ohne dass sich die „Freunde" je gesehen haben. Und immer bleibt die Möglichkeit, das Ganze so zu lenken, wie man selbst möchte. Ich kann abbrechen, neue Freunde suchen, alte wiedergewinnen.
Und alles geht zeit- und bei günstigen Internettarifen auch kostengünstig über die virtuelle Bühne. Langwierige Terminabsprachen, Handykosten und zusätzliche Geh- oder Fahrzeiten fallen weg, Missverständnisse spielen keine Rolle. Wenn der Chatpartner schlecht gelaunt ist, einen beleidigt oder Vorwürfe macht, beendet man die Sitzung mit einem Mausklick. Komplizierten Auseinandersetzungen kann man leicht aus dem Weg gehen.
Virtuelle Freundschaft birgt aber auch Gefahren. Der Chatpartner könnte nicht derjenige sein, für den er sich ausgibt. Nachprüfen kann man das praktisch nicht, allenfalls große Vorsicht an den Tag legen. Mitunter ist hier jemand auf Datenfang und hat nicht die besten Absichten. Bilder von einem selbst sollte man schon gar nicht an den virtuellen Freund schicken. Und wenn einem das Ganze nicht geheuer vorkommt, wird der Kontakt eben abgebrochen.
Viele virtuelle Freundschaften zu pflegen, kostet natürlich trotzdem Zeit. Die Gefahr, dass man das Gefühl dafür verliert, ist groß. Arbeiten bleiben liegen und werden verdrängt, vor allem geht der Kontakt zum eigenen Umfeld verloren und man begibt sich in eine soziale Isolation, aus der man häufig kaum noch einen Ausweg findet.
Ein ganz anderes Bild ergibt sich, wenn man einen Blick auf seine „echten" Freunde wirft. Sie habe ich real vor mir und ich weiß, mit wem ich es zu tun habe. Natürlich kann auch der Weg zu einer wirklichen Freundschaft beschwerlich sein. Aber der direkte Umgang miteinander, die vielen Gespräche und Unternehmungen, auch Meinungsverschiedenheiten und komplette Fehlschläge bringen wertvolle Erfahrungen, um Freundschaften zunehmend besser gelingen zu lassen.
Mit diesen Freunden kann man wirklich etwas unternehmen. Man geht gemeinsam zum Sport, ins Kino oder zu einem Musik-Event – das macht Spaß und schweißt zusammen und gibt einem das Gefühl, dass man sich bei seinen Freunden gut aufgehoben fühlt und anerkannt ist.

Zu einem „echten“ Freund kann ich mit meinen Problemen kommen und er reagiert darauf mit Rat und Tat. Dort kann man sich auch mal ausheulen oder wütend werden und kann sich trösten lassen. Unangenehmes, aber auch Schönes lässt sich so mit anderen teilen. Dann zeigt sich die wahre Freundschaft, die „echte“.
Keine Frage! Wenn ich die aufgezeigten Punkte abwäge, komme ich zu dem Ergebnis, dass ich niemals meine „echten“ Freunde durch die virtuellen ersetzt haben möchte. Sie sind meine Begleiter im wirklichen Leben und machen mir auch immer wieder bewusst, wie wichtig es ist, auf keinen Fall den Sinn für die Realität zu verlieren. Die virtuellen „Träumereien“ sind eher eine lustige, manchmal auch interessante Abwechslung, ohne dass sie mein Leben nachhaltig verändern werden. Wirkliche Freunde hat man unter Umständen für lange Zeit, nicht selten für ein ganzes Leben.

Abschlussprüfung Bayern
Qualifizierender Hauptschulabschluss – Deutsch 2009

Rechtschreibung I und II

1. **Modifiziertes Diktat**

Schüler als Unternehmer

Auch an Schulen können Jugendliche / am Wirtschaftsleben teilnehmen, / indem sie eine Übungsfirma gründen. / Ein solches Unternehmen plant, / produziert und verkauft Produkte / oder bietet bestimmte Dienstleistungen an. / So ein pädagogisches Vorhaben / fördert das Organisationstalent der Jugendlichen. / Diese Projekte möchten natürlich / finanzielle Gewinne erzielen / und somit reale Firmen imitieren. / Der größere Gewinn liegt aber darin, / dass die Schüler Kenntnisse / und Fähigkeiten erwerben können, / die ihnen beim Einstieg in das Berufsleben / hilfreich sein können. (74 Wörter)

Nach: www.sasj.de/pages/berufsorientierung/SchueFi/inhalt.html und www.dkjs.de

Hinweis: *Für die Aufgabe erhältst du acht Punkte. Für jeden Fehler wird dir ein Punkt abgezogen. Für fehlende Satzzeichen, Umlautzeichen und i-Punkte wird dir je ein halber Punkt abgezogen. Wiederholungsfehler werden nur einfach gewertet.*

Nach dem Diktieren erhältst du fünf Minuten Zeit, um deinen Text mithilfe des Wörterbuchs zu überarbeiten. Versuche, auch die gelernten Rechtschreibstrategien anzuwenden.

2. **Rechtschreibstrategien**

Beispielwort	**Lösungsstrategie**
nichts **B**esonderes	• Großschreibung: Signalwort „nichts“ oder • Artikelprobe (das Besondere)
die Eink**äu**fe	• Ableitung von einem verwandten Wort (z. B. kaufen) oder • Bildung des Singulars (der Einkauf)

Hinweis: *„Besonderes" schreibt man groß, weil es sich um eine Nominalisierung handelt. Das heißt, das Wort wird wie ein Nomen gebraucht. Das Signalwort „nichts" signalisiert, dass ein Nomen folgt. Auch die Artikelprobe kann dir in diesem Fall helfen: Wenn du den Artikel vor das Wort setzt, erkennst du ebenfalls, dass es sich um eine Nominalisierung handelt (das Besondere). – Um zu belegen, dass das Wort „Einkäufe" mit Umlaut „äu" und nicht mit „eu" geschrieben wird, bildest du die Einzahl oder suchst ein verwandtes Wort, denn hier siehst du eindeutig den Doppellaut „au", der im Plural zu „äu" umgebildet wird.*

3. **Korrekten Satz erkennen**

   a) In der Übungsfirma legt man besonderen Wert auf Teamfähigkeit. ☑

   b) Außerdem wird das Denken in wirtschaftlichen Zusammenhängen trainiert. ☑

Hinweis: *Lies die Sätze gründlich. Du musst hier auf verschiedene Fehlerquellen achten. In Aufgabe a ist der zweite Satz korrekt, in Aufgabe b der letzte Satz.*

4. **Arbeit mit dem Wörterbuch**

1. Aus welcher Sprache stammt das Wort ursprünglich?	aus dem Griechischen
2. Wie heißt das dazugehörige Adjektiv?	ökonomisch
3. Wie lautet das Wort im Plural?	Ökonomien
4. Was bedeutet die Abkürzung „Sing."?	Singular (Einzahl)

Hinweis: *Für jede richtige Antwort erhältst du einen halben Punkt. Hier noch einmal die Auflösung des Wörterbucheintrags:*
- *<griech.> = griechisch;*
- *ökonomisch: Das Adjektiv erkennst du an der für Adjektive typischen Endung „-isch";*
- *. . .ien: gibt die Pluralendung an;*
- *Sing. = Singular.*

5. **Text richtig aufschreiben**

   Um eine Übungsfirma aufzubauen und zu betreiben, müsst ihr selbst handeln und gemeinsam mit anderen Schülern im Team arbeiten.

Hinweis: *Lies den Satz langsam, dann erkennst du die bekannten Wörter. Am besten markierst du mit einem Schrägstrich, wo ein neues Wort beginnt. Achte beim Aufschreiben des Satzes auf die richtige Groß- und Kleinschreibung.*

Textarbeit 1 – Literarischer Text

1. Inhalt des Textes zusammenfassen

Wenn du den Inhalt eines Textes zusammenfassen sollst, gehst du am besten so vor: Lies den Text als Erstes zweimal aufmerksam durch. Markiere beim zweiten Lesen wichtige Textstellen, die du anschließend zusammenfassen und niederschreiben kannst. Beginne deine Inhaltszusammenfassung mit einem einleitenden Satz, in dem du Autor, Titel und Textsorte nennst und sagst, worum es im gesamten Text geht. Nenne dann wichtige Inhalte. Achte darauf, dass du keine Nacherzählung schreibst. Du sollst nur das Wichtigste knapp zusammenfassen. Eine Inhaltsangabe wird immer im Präsens geschrieben.

Im Text „Der Wahnsinnstyp *oder:* Während sie schläft" von Katja Reider schildert die Ich-Erzählerin, ein junges Mädchen, ihre aufregende Begegnung mit einem Jungen während einer Bahnfahrt.
Noch während sie im Abteil ihren Sitzplatz sucht, ist sie von seinem Blick schon verwirrt, und als sie ihm dann gegenübersitzt, stellt sie rasch fest, dass er genau dem entspricht, was sie sich unter einem „Wahnsinnstyp" vorstellt. Angesichts dieser „Erscheinung" ist sie gebannt und sprachlos. Sie ist aber auch irritiert von dem blonden Mädchen neben ihm, offensichtlich seine Freundin. Sie hat ihren Kopf an seine Schulter gelehnt und schläft. Die Erzählerin beneidet das Mädchen, erlebt selbst ein Wechselbad der Gefühle und ist nicht in der Lage, im richtigen Moment passende Worte zu finden, um sich selbst bei ihrem Traumtyp in Szene zu setzen.
Die große Chance ergibt sich aber überraschend, als das blonde Mädchen beim nächsten Halt davonstürmt und sich herausstellt, dass diese „Verbindung" reiner Zufall war und er das Mädchen gar nicht kannte. Im folgenden Gespräch stellen der Junge und die Ich-Erzählerin fest, dass sie in die gleiche Stadt wollen – restliche Fahrtzeit bis dorthin: 62 Minuten. Für die Ich-Erzählerin Zeit, ihren „Wahnsinnstyp" doch noch zu erobern.

2. Personen stichpunktartig beschreiben

Du musst hier keine klassische Personenbeschreibung verfassen. Suche vielmehr nach Merkmalen, die dem Mädchen an den beiden ihr gegenübersitzenden Personen besonders auffallen oder sie beeindrucken. Durch aufmerksames Lesen wirst du rasch fündig. Es müssen nicht nur die unveränderbaren Merkmale wie Augen- oder Haarfarbe sein, auch besonders auffallende und ihre Art charakterisierende

Gesten, Haltungen oder sonstige Erscheinungen kannst du stichpunktartig beschreiben.

a) Der Junge:
- sitzt ruhig da und liest (Z. 86/87)
- dunkle Locken, die er nach hinten streicht (Z. 91/92)
- verwuschelt aussehend (Z. 93)
- grüne Augen mit braunen Sprengseln drin (Z. 98/99)
- Grübchen beim Lächeln (Z. 99/100)
- rücksichtsvoll (Z. 113)
- wirkt dann auch ein wenig verunsichert (Z. 149/150)
- lächelt und will reden (Z. 167/168)

b) Das Mädchen:
- ein bisschen älter als die Erzählerin (Z. 59/60)
- mit langen, blonden Haaren (Z. 61)
- ihr Atem geht ruhig (Z. 62/63)
- schläft tief und fest (Z. 64)
- nicht einmal ihre Wimpern flattern (Z. 63/64)
- sieht im Schlaf aus wie ein Engel (Z. 82)
- nichts Hässliches an ihr (Z. 84)
- stürmt grußlos davon (Z. 136/137)

3. Bildhafte Ausdrücke erklären

Sprachliche Bilder dienen dazu, bestimmte Textaussagen für den Leser oder Zuhörer besonders anschaulich zu machen. Dabei steht der wörtlichen immer eine übertragene Bedeutung gegenüber, die du erklären musst. Überlege zunächst, was die Formulierungen „... zur Salzsäule erstarrt" bzw. „Wie von der Tarantel gestochen ..." im wörtlichen Sinn bedeuten. Dann denkst du darüber nach, was damit an der genannten Textstelle ausgedrückt werden soll. Das ist die übertragene Bedeutung. Führe dir die Bilder vor Augen – stelle dir eine Salzsäule vor bzw. wie eine dicke Spinne dich ins Bein beißt –, so fällt es dir leichter, die Bilder wirklich umfassend zu erschließen.

a) **„... zur Salzsäule erstarrt."** (Zeile 41):

Eine Salzsäule ist bekanntermaßen unfähig zu einer Reaktion. Auf den Menschen übertragen bedeutet dies Sprach- und Bewegungslosigkeit. Wenn man plötzlich erschrickt, ist der Vergleich mit einer Salzsäule durchaus pas-

send. Oft verschlägt es einem in dem Moment die Sprache und man ist für kurze Zeit nicht mehr in der Lage, sich zu bewegen.
Auch dem Mädchen in der Geschichte ergeht es ähnlich. Sie erstarrt, weil sie vom Anblick des Jungen so überwältigt ist. Fasziniert von ihm, wagt sie kaum, sich zu bewegen und bringt kein Wort mehr heraus. Sie ist quasi „zur Salzsäule erstarrt."

b) **„Wie von der Tarantel gestochen ..."** (Zeile 133):
Taranteln sind Spinnenarten, die einen Menschen zwar beißen, ihm aber nicht wirklich gefährlich werden können. Wenn aber jemand von einer großen Spinne gebissen wird, ist das wahrscheinlich sehr schmerzhaft und der Gebissene dürfte deshalb wohl kaum ruhig und gelassen bleiben, sondern mehr oder weniger hektische Bewegungen ausführen, also zuschlagen, aufspringen, vielleicht sogar weglaufen.
Auch das blonde Mädchen in der Geschichte springt urplötzlich auf und läuft davon, als sie in letzter Sekunde feststellt, dass sie ihren Zielbahnhof erreicht hat, sozusagen „Wie von der Tarantel gestochen ...".

4. **Jugendsprache – Beispiele zitieren, Absicht erklären**

Hinweis: *Jugendsprache wird dir wahrscheinlich gut vertraut sein. Zum einen, weil du sie bestimmt auch selbst im Umgang mit anderen verwendest, vielleicht auch, ohne dass es dir richtig bewusst wird. Zum anderen war Jugendsprache sicher auch Thema im Unterricht. Beim genauen Lesen werden dir entsprechende Stellen im Text rasch auffallen. Die Gründe dafür, warum die Autorin Jugendsprache verwendet, decken sich eigentlich mit denen, warum auch Jugendliche sie benutzen. Überlege, aus welchem Grund du Jugendsprache verwendest.*

a) **zwei Beispiele zitieren**
- „Andere Typen würden sich ihren MP3-Player auf die Ohren knallen und die Braut mit *Eminem* beschallen." (Zeile 114–116)
- „Diesen bescheuerten Platz hätte ich mir selbst nie und nimmer reserviert!" (Zeile 30–32)

Weitere Möglichkeiten:
- „Voll peinlich!" (Zeile 20)
- „Echt, voll süß!" (Zeile 93/94)
- „Bestimmt haben sie irgendwas Supertolles vor [...] und fahren nicht zu einer mittelspannenden Tante nach Bonn-Bad Godesberg wie ich." (Zeile 118–122)

b) **Absicht der Autorin erklären**

Die Hauptpersonen in dieser Geschichte sind Jugendliche, die gesamte Handlung ist auf sie abgestimmt. Nur was sie miteinander reden, was sie denken und fühlen ist hier von Bedeutung. Indem die Autorin Jugendsprache verwendet, gelingt ihr eine sehr realistische Darstellung dieser Szene im Zugabteil. Hätte sie reine Standardsprache verwendet, würde das Ganze gekünstelt wirken und wäre nicht glaubwürdig. Für jugendliche Leser wäre eine solche Geschichte uninteressant, für diese hat die Autorin die Geschichte aber geschrieben. Durch die Verwendung der Jugendsprache ist eine Geschichte mit Jugendlichen für Jugendliche entstanden, die Jugendliche gerne lesen und in der man sich gut mit den Personen identifizieren kann.

5. **Textsorte bestimmen**

Hinweis: *Die in der Aufgabe genannten typischen Merkmale einer Kurzgeschichte, der „unerwartete Wendepunkt" und der „offene Schluss", sind dir aus dem Unterricht sicher noch bekannt. Selbst, wenn du dich nicht gut erinnern kannst, ist die Lösung der Aufgabe nicht schwer: Sieh dir die Geschichte noch einmal an, wo könnte es hier einen unerwarteten Wendepunkt geben (einen Punkt, an dem die Geschichte plötzlich eine Wendung nimmt, die der Leser nicht erwartet hat)? Ein offener Schluss bedeutet, dass der Ausgang der Geschichte offen bleibt.*

Die Ich-Erzählerin muss während der Bahnfahrt unweigerlich zu dem Schluss kommen, dass das blonde Mädchen die Freundin des Jungen ist. Auch beim Leser baut sich dieses Bild auf. Sie hat den Kopf an seine Schulter gelehnt und schläft, auch von ihrer äußeren Erscheinung her passt sie gut zu dem „Wahnsinnstyp". Deshalb ist man auch vollkommen überrascht, als sie plötzlich grußlos aufspringt, aus dem Zug stürmt und sich herausstellt, dass sie den Jungen überhaupt nicht kennt und umgekehrt. Typisch für eine Kurzgeschichte, zeigt sich an dieser Stelle ein echter „unerwarteter Wendepunkt" im Geschehen.
Im Verlauf der Geschichte wird eine Spannung aufgebaut. Die Ich-Erzählerin findet den Jungen toll, er ist ein „Wahnsinnstyp". Das Mädchen an seiner Seite lässt die Chancen für eigene Eroberungsversuche aber schwinden. Doch dann gibt es Blickkontakt, der hoffen lässt. Nachdem das blonde Mädchen ausgestiegen ist, kommen die Ich-Erzählerin und der Junge ins Gespräch. Die restliche Fahrtzeit beträgt 62 Minuten, in denen sie versuchen kann, ihn zu erobern. Jetzt bleibt es aber dem Leser überlassen, sich diese Eroberungsversuche vorzustellen – ob ihr die Eroberung gelingt oder nicht, bleibt offen. Die Geschichte hat also einen für eine Kurzgeschichte typischen „offenen Schluss".

6. **Gedanken und Gefühle des Jungen beschreiben**

Hier ist ein innerer Monolog von dir gefordert. Das heißt, dass nur dargestellt ist, was eine bestimmte Person denkt und fühlt. Dabei können die Gedanken auch manchmal ungeordnet und sprunghaft sein – eben so, wie jemand denkt! Versuche, dich in den Jungen hineinzuversetzen. Stelle dir vor, dass du dich jetzt an seiner Stelle befindest, dann müsste es dir gelingen, nachzuvollziehen, was er denkt und fühlt. Mache dir noch einmal bewusst, wie die beiden Mädchen in Erscheinung treten, also wie sie aussehen, was sie tun, wie sie reagieren. Was er denken und fühlen könnte, musst du so darstellen, dass es auch wirklich zur Situation passt.

Das ist ja krass! Eine wildfremde Blonde bettet ihr Haupt auf meiner Schulter und versinkt in Tiefschlaf und ein nicht weniger tolles Mädchen belauert mich von gegenüber – oder vielleicht auch nicht. Was bleibt mir anderes übrig, als mich in mein Buch zu vertiefen? Wenn die Kleine neben mir so wenig Schlaf hatte, kann ich gut nachfühlen, wie geschafft sie ist. Ich halte mich ganz still. Außerdem hat man nicht jeden Tag eine so tolles Girl an der Schulter lehnen; das macht mich irgendwie ganz unsicher. Bin richtig gehemmt, so kenne ich mich gar nicht. Komme mir schon fast so vor, wie der Titelheld in meinem Buch, der sich plötzlich von Außerirdischen umzingelt sieht.

Kommt noch dazu, dass meine Zugpartnerin gegenüber auch sehr süß ist, allerdings auch recht schüchtern, wie mir scheint. Die sitzt da wie eine Wachsfigur, rührt sich nicht und sieht einen nicht mal an. Ihr Buch muss ja echt was Besonderes sein. Sicher irgendetwas über die erste Liebe oder so. Einen kurzen Blick könnte sie mir wenigstens gönnen, hat bestimmt blaue Augen, meine Lieblingsaugenfarbe bei Mädchen. Ich weiß nicht mal, wie ihre Stimme klingt. Bei der Sitzplatzsuche hat sie zwar was gepiepst, aber das war's dann schon. Allerdings hat's bei mir gefunkt.

Jetzt starte ich mal einen Versuch, meine Locken kommen bei Mädchen immer gut an. Wow, sie hat reagiert und mich angesehen. Braun sind ihre Augen, nicht blau. Bei ihr sieht das toll aus! Mist! Wenn sie jetzt annimmt, dass die Blonde neben mir meine Freundin ist, wird sie ewig stumm bleiben. Bekomme ich gar keine Chance mehr?

Endlich. Meine Nachbarin muss raus, Wuppertal hätte sie fast verpasst. Jetzt ganz cool bleiben und so tun, als wäre alles normal. Aber sie sieht mich an. Wenn ich ihr das mit der Blonden jetzt nicht erkläre, ist die Chance vertan, vielleicht die einzige. Immerhin bleibt mir noch eine Stunde. Also: Buch zu und Angriff! Ich lächle sie mal an.

7. Gemeinsamkeiten/Unterschiede zwischen Text und Gedicht aufzeigen

Vielleicht kennst du das vorliegende Gedicht schon aus dem Unterricht. Da es relativ kurz und gut verständlich ist, dürfte dir der inhaltliche Vergleich mit der Kurzgeschichte nicht allzu schwerfallen. Am besten ist es, wenn du von den Gedichtzeilen ausgehst, um die Gemeinsamkeiten und Unterschiede aufzuspüren. Du findest aber nicht zu jeder Gedichtzeile eine entsprechende Passage in der Kurzgeschichte, vielmehr musst du dir auch stets das Geschehen im Ganzen vor Augen führen und dann entsprechende Vergleiche anstellen.
Beachte, dass es nur um inhaltliche Gemeinsamkeiten und Unterschiede geht, Vergleiche der äußeren Form sind nicht Teil der Aufgabenstellung.

Vergleicht man das Gedicht „Augen in der Großstadt" von Kurt Tucholsky mit der vorliegenden Kurzgeschichte zeigen sich einige Gemeinsamkeiten und Unterschiede.
In beiden Texten sind Einrichtungen der Bahn angesprochen. Der Unterschied besteht nur darin, das der Junge und das Mädchen bereits im Zug fahren, während das „Du" im Gedicht am Bahnhof steht. Fremde Menschen gibt es sowohl in dem Zugabteil als auch am Bahnhof, der als „Menschentrichter" (V. 7) beschrieben wird. Alle Personen haben ein Ziel: Im Gedicht ist es die Arbeitsstelle, in der Kurzgeschichte ist es die Stadt Bonn bzw. Wuppertal.
Im Gedicht finde ich mich als Mensch mit „Sorgen" (V. 4) wieder. Der Junge und das Mädchen haben diese nicht, wenn man einmal davon absieht, dass das Mädchen die „Sorge" plagt, wie sie ihren „Wahnsinnstyp" (Z. 48) erobern kann – was aber keine wirkliche Sorge ist.
Auch wenn beide Texte eine persönliche Begegnung beschreiben, gibt es hier einen deutlichen Unterschied. In Kurt Tucholskys Gedicht treffen sich zwei Augenpaare zufällig für einen kurzen Augenblick. Er genügt zwar, um Details wie Braue, Pupillen und Lider wahrzunehmen, ist aber rasch wieder vorbei und kann nicht wiederholt werden. Auch in der Kurzgeschichte kommt es zu diesem kurzen Blickkontakt, der sich später aber wiederholt und dann andauern kann. Die Chance einer näheren Bekanntschaft, einer Freundschaft, eines „Lebensglücks" (V. 11) besteht bei der kurzen Zufallsbegegnung im Gedicht nicht, in der Geschichte dagegen schon – es scheint sich zumindest etwas anzubahnen.

8. **Zu zwei Aussagen Stellung nehmen**

Hinweis: *Die Aufgabe ist zwar zweigliedrig gestellt, hier steht aber zweifellos die Freundschaft im Mittelpunkt der Betrachtung oder genauer gesagt, Faktoren, die sie gelingen lassen. Dass man sich auf den ersten Eindruck nicht immer verlassen kann, belegst du mit einem oder mehreren Beispielen. Damit schaffst du dir den Einstieg. Aus den Erfahrungen, die du im Umgang mit deinen eigenen Freunden gemacht hast, kannst du bestimmt Faktoren ableiten, die für eine gute Freundschaft wichtig sind.*
Skizziere zunächst möglichst viele Gedanken und bringe sie auch von ihrer Wichtigkeit her in eine passende Rangfolge. Die konkreten Beispiele müssen deine Aussagen überzeugend untermauern.
Um deine Gedanken zu ordnen und zu vermeiden, dass du wichtige Punkte in deiner Stellungnahme vergisst, solltest du dir anhand deiner Notizen eine kurze Gliederung erstellen. Sie gewährt dir eine logischen Abfolge der einzelnen Gesichtspunkte und Argumente. Eine abschließende Gesamtbewertung rundet deine Ausführungen ab.

Gliederung als Lösungshilfe

Einleitung
Das Problem mit dem „ersten Eindruck“

Hauptteil
1. Erste Eindrücke
   - z. B. beim Vorstellungsgespräch
   - z. B. beim Antritt einer neuen Stelle
2. Faktoren einer gelingenden Freundschaft
   - Zeit zum Wachsen
   - gemeinsame Interessen
   - Toleranz
   - Zeit füreinander haben, vor allem bei Problemen
   - Geben und Nehmen
   - Streit auch unter Freunden möglich

Schluss
Wenn sich der „erste Eindruck“ bestätigt ...

Lösungsbeispiel

Mit dem ersten Eindruck ist das so eine Sache. Es heißt, dass er der alles entscheidende sei, denn hat man erst einmal einen schlechten ersten Eindruck hinterlassen, lässt sich der so schnell nicht wieder ausbügeln. Nicht umsonst bekommt man daher gute Ratschläge, wie man sich beispielsweise bei einem Vorstellungsgespräch kleiden und verhalten soll.

Da wir Menschen eben so sind, dass wir schon nach einer ersten Begegnung über andere urteilen, ist es klug, sich an den gängigen Benimmregeln zu orientieren und insgesamt auf ein gepflegtes Äußeres zu achten. Eine echte Garantie für mein Gegenüber ist das aber nicht. Denn herauszufinden, ob ich später auch pünktlich bin, meinen Arbeitsplatz aufräume, oder mit Kunden oder Kollegen gut zurechtkomme, erfordert natürlich mehr als einen ersten Eindruck.

Als meinem Vater vor einiger Zeit die Leitung einer kleinen Zweigstelle seiner Firma angeboten wurde, hat ihn eine erste Besichtigung vollkommen frustriert. Die Fahrstrecke dahin war umständlich, die Mitarbeiter gaben sich verschlossen, sein Büro sah alles andere als einladend aus und das galt auch für das gesamte Gebäude. Nach diesem ersten Eindruck lehnte er ab. Man bat ihn, das Ganze noch einmal zu überdenken, und räumte ihm eine Art Probezeit ein. Schon nach kurzer Zeit sah er die Sache ganz anders: Bessere Mitarbeiter konnte er sich gar nicht mehr vorstellen, für ein neues Büro bekam er das nötige Geld und die Fahrstrecke brauchte er plötzlich zum Nachdenken, wie er sagte.

Wenn es um Freundschaft geht, kann der erste Eindruck schon gar nicht genügen. Ob sie gelingt, hängt von ganz anderen Faktoren ab.

Freundschaft muss auf Erfahrung aufbauen, also braucht sie Zeit zum Reifen und Wachsen. Das ist die Voraussetzung, um den anderen genauer kennenzulernen. Nur so kann man sich schließlich gegenseitig wirklich vertrauen und sicher sein, dass Probleme und sehr persönliche Dinge, die man von sich preisgibt, nicht weitererzählt werden. Ehrlichkeit und Offenheit muss man dabei eben voraussetzen können.

Es ist zwar kein Muss, aber gemeinsame Interessen, z. B. in der Freizeit, fördern die Freundschaft.

Natürlich muss jeder seine eigene Meinung vertreten dürfen, ohne dass er ständig vom anderen kritisiert wird. Toleranz ist ein besonders wichtiges Kennzeichen für eine gute Freundschaft.

Freunde sollten auch füreinander Zeit haben, nicht nur für gemeinsame Unternehmungen und Hobbys, sondern auch, um sich gegenseitig zuzuhören, sich mit den Anliegen und Bedürfnissen des jeweils anderen auseinanderzusetzen

und das Gefühl zu geben, dass man da ist, wenn man gebraucht wird. Dieses Geben erfordert oft echten Einsatz. Guter Wille und pauschale Ratschläge genügen nicht. In einer echten Freundschaft werden sich Geben und Nehmen immer ergänzen und nie einseitig ausgerichtet sein.
Selbst unter guten Freunden darf auch einmal gestritten werden. Eine wirkliche Freundschaft wird solche Auseinandersetzungen aushalten.
Wenn sich der erste gute Eindruck bei einer Begegnung auch auf Dauer gesehen bestätigt, ist das für den Betreffenden eine tolle Sache. Blind darauf verlassen möchte ich mich persönlich aber nicht. Man muss sich schon Zeit nehmen und manches auch kritisch hinterfragen, um alle Seiten eines Menschen oder einer Sache kennenzulernen.

D 2009-11

Textarbeit 2 – Diskontinuierlicher Sachtext

1. Inhalt des Textes zusammenfassen

Hinweis: *Um den Inhalt des Textes in nur wenigen Sätzen wiedergeben zu können, musst du ihn sehr aufmerksam lesen. Gehe möglichst abschnittsweise vor und achte darauf, wann ein neuer Gedanke beginnt. Wenn du die entsprechenden Schlüsselstellen markierst, kannst du sie anschließend zusammenfassen und aufschreiben. Damit du dich nicht in Einzelheiten verlierst, solltest du immer wieder größere Textabschnitte wiederholend lesen. Meist beginnt übrigens ein neuer Abschnitt auch mit einem neuen Gedanken. Beginne deine Inhaltszusammenfassung mit einem einleitenden Satz, in dem du Autor, Titel und Textsorte nennst und sagst, worum es im gesamten Text geht. Nenne dann wichtige Inhalte. Schreibe im Präsens.*

In dem Artikel „Faulenzen will gelernt sein“ von Volker Gustedt erfährt der Leser, wie wichtig es besonders für Kinder ist, bei andauernder Reizüberflutung Phasen der Entspannung und Muße einzuplanen.
Zunächst zeigt der Autor an Beispielen auf, welche Freizeitbeschäftigungen der Kinder ihre Eltern oft auf die Palme bringen, weil in ihren Augen die Kinder mit diesen Aktivitäten Zeit vertrödeln. Kinder und Jugendliche aber empfinden dieses „Rumhängen“ als Entspannung: Abtauchen in die Computerwelt, Heavy Metal hören, im Baumhaus stundenlang mit einer Freundin reden.
Entwarnung gibt ein Wissenschaftler, der nicht erkennen kann, dass schlechtere Schulleistungen die Folge solcher Freizeitaktivtäten sein sollen. Stattdessen würde er sich noch mehr „ungebundene Zeit“ für Kinder und Jugendliche wünschen, da ständiger Leistungsdruck krank machen könne.
Ergebnisse psychologischer Studien und Erkenntnisse aus der Hirnforschung zeigen deutlich, dass Entspannung eine bessere Lernleistung und Merkfähigkeit zur Folge hat. Ruhige Tätigkeiten, so erfährt der Leser, sind allerdings Voraussetzung für diesen positiven Effekt, lauter und aggressiver Medienkonsum bewirkt das Gegenteil.
Am Schluss des Textes ist zu lesen, dass sich manche Schulen durch entsprechende Änderungen im Schulalltag diese Erkenntnisse bereits zunutze gemacht haben und dass auch zu Hause der Wechsel von Arbeits- und Ruhephasen eine feste Einrichtung sein sollte.

2. **Treffende Überschriften finden**

Hinweis: *Die Überschrift wird oft überlesen. Dabei ist sie für das Textverständnis sehr wichtig. Überschriften sollen in der Regel die Kernaussage eines Textes widerspiegeln, neugierig machen und so zum Lesen des ganzen Textes motivieren. Eine Überschrift sollte kurz und mit einem Blick erfassbar sein. Beachte diese Punkte bei der Suche nach einer passenden Überschrift.*

Beispiellösungen:

- Müßiggang ist **nicht** aller Laster Anfang
- Faulenzen erwünscht: Muße statt Reizüberflutung
- Nichtstun erlaubt!

3. **Fremdwörtern deutsche Begriffe zuordnen**

Hinweis: *Einige der im Text verwendeten Fremdwörter sollst du den in der Aufgabe vorgegebenen deutschen Wörtern zuordnen. Gehe so vor: Lies den Text aufmerksam durch und markiere alle Fremdwörter. Dabei fällt dir vielleicht schon die eine oder andere Lösung ins Auge. Beim ersten Lesen könnte es aber durchaus passieren, dass du einige Fremdwörter gar nicht erkennst, weil man sie durch den häufigen Gebrauch oft nicht mehr als solche wahrnimmt. Wenn du unsicher bist, schlage im Wörterbuch nach, dort sind Fremdwörter erklärt. Achte aber darauf, dass ein Wort mehrere Bedeutungen haben kann. Betrachte das gesuchte Wort also immer im Textzusammenhang.*

a) ertragen, gewähren lassen	–	tolerieren (Zeile 16/17)
b) festigen, verfestigen	–	stabilisieren (Zeile 77/78)
c) Gleichgewicht	–	Balance (Zeile 97)
d) gesteigerter Bewegungsdrang	–	Hyperaktivität (Zeile 50/51)

4. **Satz mit eigenen Worten erklären**

Hinweis: *Alle im Satz vorkommenden Wörter musst du von ihrer Bedeutung her verstehen. Das Wörterbuch kann dir bei der Klärung helfen. Der Satz ist aus dem Textganzen herausgenommen; lies deshalb den gesamten betreffenden Abschnitt noch einmal nach. Dann bleibt dir eigentlich nur noch das mehrmalige aufmerksame Lesen des Satzes.*

Unter einer Allianz versteht man einen Zusammenschluss oder eine Verbindung. Staaten schließen sich häufig zusammen, um noch stärker und mächtiger auftreten zu können. Kräfte werden quasi gebündelt. Im übertragenen Sinn

kann man sich das auch beim Zusammentreffen schlechter Noten und all der eher negativen Dinge, die die Pubertät kennzeichnen, vorstellen.
Gerade in dieser Umbruchphase fehlt z. B. meist die Einsicht, dass man etwas für die Schule tun muss. Die guten Ratschläge der Eltern zählen wenig, gegen Vorschriften wird protestiert, Gegenargumente sind schnell gefunden. Schlechte Noten bleiben da oft nicht aus.
Spätestens jetzt scheint es tatsächlich so, als ob diese „pubertäre Widerspenstigkeit" und die schlechten Schulleistungen eine Allianz eingingen, um ganz sicher zu gehen, dass die Eltern den Gegenangriff starten. Deutliche Worte und lautere Töne stören dann zumindest vorübergehend den Familienfrieden.

5. Text und Diagramm vergleichen

Hinweis: *Sieh dir das Diagramm an. Beachte die Art und Häufigkeit der aufgelisteten Freizeitbeschäftigungen. Du kannst dir jetzt ein Bild davon machen, wie Kinder zwischen 6 und 13 Jahren ihre Freizeit verbringen. Der Inhalt und die im Text genannten Erkenntnisse zum Problem Anspannung und Entspannung sind dir durch die Bearbeitung der ersten vier Aufgaben sicher noch präsent. Vergleiche nun Diagramm und Textaussage miteinander. Achte auf eine angemessene Begründung, deiner Aussagen.*

Das im Diagramm dargestellte Freizeitverhalten der Kinder entspricht nicht den im Text genannten Erkenntnissen. Die Erkenntnisse des Textes liegen darin, dass es für das Gleichgewicht von Körper und Geist sehr wichtig ist, dass auf Spannungsphasen immer wieder Ruhephasen folgen.
Im Text heißt es, dass Fernsehen, laute aggressive Musik und angestrengtes Computerspielen keine geeigneten Möglichkeiten zur Entspannung sind. Dem Diagramm lässt sich aber entnehmen, dass 78 % der 6- bis 13-Jährigen täglich oder fast täglich fernsehen, knapp ein Drittel der Kinder (29 %) Musik-CDs hört und ein Viertel (25 %) täglich oder fast täglich den Computer nutzt.
Allerdings wird im Diagramm weder bei der Art der Musik (laut und aggressiv oder leise und melodisch) noch bei der Art der Computernutzung (angestrengt oder entspannt) unterschieden.
Wirklich ausruhen und nichts tun gelingt nur 19 % der Kinder. Das entspricht ganz und gar nicht der Erkenntnis, dass gerade diese Form der Entspannung für den Lernprozess vorteilhaft wäre und gesundheitlichen Problemen entgegenwirken könnte. Ähnlich verhält es sich mit weiteren genannten Tätigkeiten, die für Entspannung sorgen könnten: Familienunternehmungen, malen oder basteln, Sport oder Bücher lesen. Tatsächlich nehmen nur 14 % der 6- bis 13-

Jährigen täglich ein Buch zur Hand, lassen sich in eine andere „Welt" entführen und finden so echte Entspannung.
Freunde treffen, draußen und drinnen spielen, auch mit einem Haustier, sind Freizeitbeschäftigungen, die Alltagsprobleme vorübergehend zwar vergessen lassen. Aber eigentlich sind sie nur bedingt geeignet, um wirklich zur Ruhe zu kommen, oder wie es im Text beschrieben ist, sich „gezielte Mußestunden" zu verschaffen.
Sieht dieses Spiel mit Freunden aber so aus wie im Bild, dass die Kinder zusammen am See sitzen, die Beine baumeln lassen, in die Wellen schauen und mal fast gar nichts sagen, dann sind sie, wie im Text beschrieben, auf dem besten Weg, das „Faulenzen" zu lernen.

6. **Begriff mithilfe von Abbildung 1 erklären**

Hinweis: *Stelle zunächst Überlegungen zu dem sprachlichen Bild der „Reizüberflutung" an. Mache dir die wörtliche Bedeutung des Begriffs klar. Trenne das zusammengesetzte Wort in seine Einzelteile, Reiz und Überflutung und stelle dir eine echte Flut aus Wasser vor. Überlege dann, was hier im Text mit dem Begriff Reizüberflutung ausgesagt werden soll, das ist die übertragene Bedeutung.*
Schau dir anschließend die Karikatur an. Was siehst du? Mache dir Notizen. Du wirst erkennen, dass hier ein Junge zahlreichen Reizen ausgesetzt ist, von denen er praktisch „überflutet" wird.

a) **„Reizüberflutung"**

Fernseher mit Steuerkonsole für Spiele, Computer und Hi-Fi-Anlage umzingeln einen Jungen regelrecht, der gerade in ein Heft schreibt. Er hat offensichtlich alle Geräte gleichzeitig in Betrieb. Auf dem Fernsehschirm sieht man ein „Ballerspiel", die Stereoanlage läuft, mit einer Hand bedient er den PC und auf seinen Ohren sitzen noch Kopfhörer, die sicher an eine weitere Tonquelle gekoppelt sind.
Die Karikatur will darauf hinweisen, dass sich Jugendliche oft vielfältigen Reizen gleichzeitig aussetzen, sich regelrecht von ihnen überfluten lassen. Wie bei einer echten Flut die Wassermassen, wird hier das Übermaß an Reizen, die so schnell gar nicht verarbeitet werden können, zur Bedrohung.

b) **Negative Folgen der Reizüberflutung** (vgl. Zeile 50–54)
- es kommt zu Hyperaktivität
- Aggressionen sind zu beobachten
- Angstzustände und Schlaflosigkeit stellen sich ein
- Infektionskrankheiten sind die Folge
- daraus resultierend: schlechte Schulnoten

7. **Erläutern, wie man sich vom Schuldruck entspannt**

Hinweis: *Diesen Druck kennst du aus eigener Erfahrung und natürlich auch das, was du zum Ausgleich machst. Gehe einmal eine normale Schulwoche in Gedanken durch. Was belastet dich und wie gelingt dir dann die Gestaltung deiner Freizeit? Was hilft dir besonders, wieder zur Ruhe zu kommen und neue Kraft zu schöpfen? Das müssen nicht immer große Unternehmungen sein, manchmal sind es eher die unscheinbaren, kleineren Möglichkeiten.*

Manchmal bin ich ganz schön fertig, wenn ich aus der Schule komme. Nach so richtig anstrengenden Tagen helfen mir meine Lieblingsbeschäftigungen, mich wieder zu entspannen. Zum Beispiel gehe ich dann gerne mit unserem Hund spazieren. Auf diesen Spaziergängen kann ich mich gut entspannen, über vieles nachdenken und Pläne schmieden.
Auch beim Schwimmen kann ich mich sehr gut entspannen. Das tägliche Training im Schwimmverein ist das, worauf ich mich immer am meisten freue. Hier kann ich alles vergessen, meinen Frust loswerden und mich nach dem vielen Sitzen in der Schule richtig „austoben“. Hinterher bin ich dann gerne in meinem Zimmer und höre Musik. Wenn ich so daliege, denke ich eigentlich an gar nichts, döse nur oder träume ein wenig.
Eine weitere Möglichkeit, zur Ruhe zu kommen, ist das Fotografieren. Als ich acht Jahre alt war, hat mir mein Vater eine einfache Kamera geschenkt und damit eine Leidenschaft geweckt. Oft unternehme ich an Wochenenden ausgedehnte Streifzüge durch die Umgebung. Für mich ist das ein guter Ausgleich zur stressigen Schulzeit und zur Hektik, die einen ständig umgibt. Danach fällt mir auch das Lernen wieder leichter.

8. **Beispiele zu einer Aussage finden**

Hinweis: *Überlege zunächst, in welchen Lebensbereichen du dir schon einmal Ziele gesetzt hast. Denke an Freizeit, Schule, anstehende Ausbildung, Familie und Freundeskreis. Passende Beispiele lassen sich hier sicher leicht finden. Wenn man sich Ziele steckt, geht man damit aber auch Verpflichtungen ein, denn ohne etwas für seine Ziele zu tun, wird man sie nicht erreichen. Wenn du an deinen Alltag denkst, stellst du schnell fest, dass dir täglich solche Pflichten auferlegt sind wie z. B. Pünktlichkeit, Zuverlässigkeit etc.*

Die Aufgabe gibt nicht vor, wie viele Beispiele du finden sollst. Beachte aber, dass die Beispiele aus zwei unterschiedlichen Lebensbereichen stammen müssen.

Du kannst mit einer kurzen Einleitung beginnen, in der du zum Thema hinführst, anschließend beschreibst du deine Beispiele.

Lösungsbeispiel

Es ist wichtig, im Leben Ziele zu haben und diese dann auch konsequent zu verfolgen. Egal, ob es ganz kleine sind, die man schnell erreichen kann oder solche, die erst nach jahrelanger Arbeit zum Erfolg führen. Immer ist es wichtig, dass man sich dafür ins Zeug legt, Hindernisse überwindet und Ausdauer zeigt. Wenn man sich ein solches Ziel gesetzt hat, bestimmt es mehr oder weniger stark das eigene Handeln und man stellt schnell fest, dass man nicht immer machen kann, wozu man gerade Lust hat.

Aus eigener Erfahrung kann ich z. B. sagen, dass mein fester Vorsatz vor wenigen Monaten, in der nächsten Mathematikprobe eine bessere Note zu erzielen, auch meinen ganzen Einsatz forderte. Ich hatte mir dieses Ziel zu setzen, ob ich wollte oder nicht, es ging auch um die Abschlussprüfung. Meinen Alltag musste ich danach ausrichten, auch wenn das manchmal wirklich keinen Spaß gemacht hat. Wenn meine Freunde zum Schwimmen gingen, brauchte ich die Zeit zum Lernen. Fernsehen und Spielen am PC waren zwar nicht ganz gestrichen, aber doch stark eingeschränkt. Dahinter steckten nicht Verbote meiner Eltern, sondern meine eigene Einsicht, dass ich nicht anders zum Ziel kommen würde.

Meinem Freund, der bereits in der Ausbildung ist, ergeht es ähnlich, wenn auch auf einer ganz anderen Ebene. Sein Traum ist die Mitarbeit in einer Hilfsorganisation im Ausland. Diese Absicht ist die eine Seite, ob sie sich verwirklichen lässt, die andere. Es hängt von vielen Dingen ab. Zum einen ist eine abgeschlossene Berufsausbildung nötig – die macht er gerade. Zum anderen lässt ihm sein Ziel kaum noch Freizeit. In Urlaub fahren oder auch abends mit Freunden ins Kino gehen, ist gestrichen. Stattdessen lernt er eine weitere Fremd-

sprache, beschäftigt sich mit den Vorbereitungen für ein solches Unternehmen und schränkt sich überall stark ein, weil ihn sein Ziel natürlich auch finanziell fordert.
Ein anderes Beispiel betrifft meinen Vater. Er träumt seit Jahren von einem eigenen Wohnmobil. Er besucht jede Freizeitausstellung, studiert Bücher und Zeitschriften, holt testweise Angebote ein. Nun war das nicht allein seine Idee, sondern die ganze Familie ist begeistert, von dieser Art Urlaub zu machen. Dieses Ziel bedeutet aber auch Einschränkungen für uns alle. In der nächsten Zeit werden wir sicher sparen müssen. Meine große Schwester teilt sich z. B. mit meiner Mutter den kürzlich erstandenen Gebrauchtwagen. Ein neues Auto ist vorerst auf Eis gelegt. Mit meinem alten PC muss ich noch einige Zeit auskommen. Obwohl jeder seine besonderen Wünsche hat, werden wir uns alle einschränken müssen, auch mein Vater mit seiner Vorstellung von der Größe dieses Wohnmobils.
Ein letztes Beispiel, das ich nennen möchte: Ich bin ein begeisterter Schwimmer und seit Jahren im Verein aktiv. Das ist auch meine liebste Freizeitbeschäftigung. Es hat sich schon früher gezeigt, dass ich sehr gute Zeiten schaffe, und mein Trainer meinte, ich könnte vielleicht beruflich etwas daraus machen. Das kann ich mir zwar noch nicht so recht vorstellen, aber ich habe mir seit diesem Gespräch zum Ziel gesteckt, auch bei größeren Wettkämpfen, z. B. auf Bayernebene, mit sehr guten Leistungen aufzuwarten. Das verfolge ich auch konsequent. Nach der Schule und den Hausaufgaben bedeutet das für mich Training. Manchmal fällt es schon schwer, zurückzustecken, wenn ich Lust auf Kino hätte oder mit Freundinnen durch die Stadt zu ziehen. „Hab heute keine Lust aufs Schwimmen" gibt es nicht. Und abends vorm Fernseher sitzen und Chips knabbern, ist eher eine Seltenheit für mich. Mein Ziel kostet oft auch Überwindung, aber ich würde es nicht mehr aufgeben wollen.
Wenn man sich Ziele steckt und sie konsequent verfolgen will, muss man sich in vielen Dingen einschränken und Abstriche machen. Das kostet zwar manchmal Überwindung und viel Kraft, zeigt einem aber auch, was man schaffen kann, wenn man es nur wirklich will.

Abschlussprüfung Bayern
Qualifizierender Hauptschulabschluss – Deutsch 2010

Teil A: Rechtschreibung I und II

1. **Modifiziertes Diktat**

Glück in der Ferne

Aus aller Welt kommen Menschen nach Deutschland, / um hier Arbeit zu finden. / Aber auch viele Deutsche / suchen ihr Glück in der Ferne. / Jenseits der Landesgrenzen / hoffen sie auf höhere Bezahlung, / bessere Aufstiegsmöglichkeiten / und die Erweiterung ihres Horizonts. / Welche Länder bieten besonders gute Perspektiven? / Welche Arbeitsmärkte öffnen sich / jungen Deutschen bereitwillig? / Wie lebt es sich eigentlich im Ausland? / Auch manche Fernsehserien versuchen[,] / die Risiken und Chancen des Auswanderns / intensiv miterleben zu lassen. (74 Wörter)

Hinweis: *Für die Aufgabe gibt es 8 Punkte. Für jeden Fehler wird ein Punkt abgezogen. Für fehlende Satzzeichen, Umlautzeichen und i-Punkte wird je ein halber Punkt abgezogen. Wiederholungsfehler werden nur einfach gewertet.*
Nach dem Diktieren bekommst du noch einmal fünf Minuten Zeit, deinen Text mithilfe des Wörterbuchs zu überarbeiten. Wende dabei auch die gelernten Rechtschreibstrategien an.

2. **Rechtschreibstrategien**

Beispielwort	Lösungsstrategie
bereitwillig	• Überprüfung der Endung (-ig) oder • Überprüfung der Wortart (Wie?)
Arbeitsm**ä**rkte	• Ableitung von einem verwandten Wort (z. B. Markt) oder • Bildung des Singulars (der Arbeitsmarkt)

Hinweis: *Die Endung „-ig“ signalisiert dir, dass es sich um ein Adjektiv handelt, z. B. zornig, billig, farbig. Adjektive (Eigenschaftswörter) schreibst du klein.*
Um zu belegen, dass das Wort „Arbeitsmärkte“ mit Umlaut „ä“ und nicht mit „e“

geschrieben wird, bildest du den Singular („Arbeitsmarkt") oder versuchst, ein verwandtes Wort abzuleiten („Markt"). Hier siehst du dann eindeutig, dass der Vokal „a" im Plural zu „ä" wird.
Für jede sinngemäß richtige Lösung gibt es einen Punkt pro Aufgabe.

3. **Fehlende Satzzeichen**

In Australien reicht die Geburtenrate nicht aus, um für ausreichend Nachschub an Arbeitskräften zu sorgen. Vor einigen Monaten versicherte der Regierungschef: „Aus allen Ländern der Welt nehmen wir ausgebildete Menschen, die den Anforderungen entsprechen."

Hinweis: *Die Wendung „um ... zu" zeigt dir einen erweiterten Infinitivsatz an, vor dem du ein Komma setzen musst. Wo der erste Satz zu Ende ist, erkennst du am nachfolgenden Satzanfang, der großgeschrieben wird. Beachte im zweiten Satz die wörtliche Rede. Setze einen Doppelpunkt und vergiss auch nicht die Anführungszeichen. In der wörtlichen Rede musst du noch ein Komma setzen, um den Relativsatz abzugrenzen.*
Für jedes fehlende bzw. falsch gesetzte Satzzeichen wird jeweils ein halber Punkt abgezogen. Insgesamt wird die Aufgabe mit zwei Punkten bewertet.

4. **Richtige Schreibung**

Ein ungebremster Aufschwung und Tiefstände bei den Arbeitslosen lassen Australien in aller Welt nach Fachkräften Ausschau halten.

Hinweis: *Lies den Satz langsam, dann erkennst du die bekannten Wörter. Markiere dir am besten mit Schrägstrichen, wo ein neues Wort beginnt. Achte beim Aufschreiben des Satzes auf die richtige Groß- und Kleinschreibung.*
Die Aufgabe wird mit zwei Punkten bewertet. Für jeden Fehler wird dir ein halber Punkt abgezogen.

5. **Wörter fehlerfrei aufschreiben**

a) regelmäßig

b) jeweilige

c) erläutert

d) Leben

Hinweis: *Korrigiere den Text mithilfe der gelernten Rechtschreibstrategien. Wenn du dir bei der Schreibung einzelner Wörter unsicher bist, schlage sie im Wörterbuch nach.*
Jedes richtige Wort wird mit einem halben Punkt bewertet.

Teil B: Schriftlicher Sprachgebrauch

Textarbeit 1 – Literarischer Text

1. **Inhalt des Textes zusammenfassen**

Hinweis: *Um den Inhalt des Textes in nur wenigen Sätzen wiedergeben zu können, musst du ihn sehr aufmerksam lesen. Gehe möglichst abschnittsweise vor und achte darauf, wann ein neuer Gedanke beginnt. Wenn du die entsprechenden Schlüsselstellen markierst, kannst du diese abschließend zusammenfassen und niederschreiben. Damit du dich nicht in Details verlierst, solltest du immer wieder größere Textabschnitte wiederholend lesen.*

Im Text „Jenny" aus dem Buch „Der bunte Hund" von Achim Bröger erzählt ein junges Mädchen, die Ich-Erzählerin, von einem Nachmittag mit ihrer behinderten jüngeren Schwester Claudia. Sichtlich enttäuscht, teilweise auch verärgert darüber, dass sie nichts mit ihren Freunden unternehmen kann, passt sie wieder einmal auf Claudia auf, weil die Mutter zum Einkaufen in die Stadt muss.

Claudia ist seit ihrer Geburt, bei der es zu Komplikationen kam, behindert. Körperlich zwar groß gewachsen, verhält sie sich aber noch wie ein kleines Kind. Claudia spricht nur wenige, meist unverständliche Worte, sie stellt kindliche Dinge an und braucht Hilfe beim Anziehen. Ihr die täglich notwendige Tablette zu geben, entwickelt sich zu einer nervlichen Belastung.

Als die Ich-Erzählerin mit ihr ins Freie geht, freut Claudia sich. Dort treffen sie auf Jenny, die beste Freundin der Ich-Erzählerin. Für Jenny ist es schwer nachzuvollziehen, dass die Schwester ihrer Freundin behindert ist und kaum sprechen kann. Nach einer kurzen Unterhaltung mit der Ich-Erzählerin verschwindet Jenny dann rasch.

Als Claudia plötzlich das Wort „Jenny" hervorbringt – ein für sie ganz neues Wort – freut sich die Ich-Erzählerin riesig. Überglücklich ist sie über diesen gewaltigen Lernzuwachs ihrer Schwester. Sie ist froh, dass sie auch diesen Nachmittag bei Claudia geblieben ist.

2. **Person stichpunktartig beschreiben**

Hinweis: *Suche nach Eigenschaften und Verhaltensweisen, die für das behinderte Mädchen Claudia charakteristisch sind, die sie und ihr Leben, in das wir im Text nur einen sehr begrenzten Einblick bekommen, besonders treffend beschreiben. Durch aufmerksames Lesen wirst du sicher rasch fündig. Die vier Informationen schreibst du stichpunktartig heraus, wobei du selbstverständlich auch in Stichpunktsätzen formulieren kannst.*

- kann kaum mehr sprechen als ein ganz kleines Kind
- hat bei ihrer Geburt zu wenig Luft bekommen und ist seitdem behindert
- macht Dinge, die ärgerlich sind (verstopft die Toilette mit Klopapier, schmeißt die Tür mit Wucht zu, poltert über die Treppe)
- freut sich, wenn sie ins Freie gehen darf

alternativ:

- ist in der Lage, ein neues Wort zu lernen: „Jenny"
- verbindet bestimmte Handlungen (das Niederdrücken des Türgriffs) mit Personen (ihrem Papa) und ganz offensichtlich mit Erinnerungen
- kann Schuhe nicht allein anziehen

3. **Bildhaften Ausdruck erklären**

Hinweis: *Du hast es hier mit einfachen sprachlichen Bildern zu tun, die neben einer wörtlichen immer auch eine übertragene Bedeutung haben. Den Widerspruch kannst du problemlos klären, wenn du dich von der Vorstellung löst, dass sich die Wörter „klein" und „groß" nur auf Körpermaße beziehen. Mache dir noch einmal die Verhaltensweisen des behinderten Mädchens klar, dann bekommen die Begriffe eine ganz andere Bedeutung und die Erklärung ist leicht zu finden.*

Wenn die Ich-Erzählerin Claudia ihre „kleine große Schwester" nennt, scheint das zunächst ein Widerspruch zu sein. Immerhin ist sie fast so groß wie sie, wahrscheinlich ein paar Jahre jünger, aber kein kleines Kind mehr.
Für ihre Körpergröße mag das zutreffen, nicht aber für ihr Verhalten. Aufgrund ihrer geistigen Behinderung ist sie tatsächlich wie ein kleines Kind. Sie spricht nur wenige Worte, kann sich nicht selbst ankleiden und tut manchmal Dinge, die man auch bei kleinen Kindern beobachten kann.
Mit der Bezeichnung „kleine große Schwester" drückt die Ich-Erzählerin aus, dass Claudia einerseits groß gewachsen ist, andererseits aber noch „klein" – im Sinne von kindlich – ist, wenn man sieht, wie sie sich verhält und was sie kann.

4. **Aussage mithilfe des Textes begründen**

Hinweis: *Im Text sind mehrere Stellen zu finden, die sich gut eignen, um die Aussage zu belegen. Dazu musst du ihn noch einmal aufmerksam lesen. Achte vor allem auf die Abschnitte, in denen die Ich-Erzählerin über ihre Wünsche und Gefühle spricht, sie sind besonders aufschlussreich für dich. Am besten markierst du dir zuerst alle passenden Aussagen und suchst dir dann diejenigen heraus, die du am überzeugendsten findest.*

Die Ich-Erzählerin kümmert sich fürsorglich und mit großer Geduld um ihre behinderte Schwester Claudia. Trotzdem wird im Text deutlich, dass das nicht immer einfach für sie ist und es Momente gibt, in denen ihr diese verantwortungsvolle Aufgabe richtig zusetzt.
So fällt es ihr schwer, dass sie nicht wie geplant mit ihren Freunden Jenny und Bernd Fahrrad fahren kann, sondern wieder auf ihre Schwester aufpassen muss. Sie ärgert sich darüber (vgl. Z. 75–79) und scheint auch ein wenig eifersüchtig auf die beiden Freunde zu sein (vgl. Z. 13/14).
Die Ich-Erzählerin fühlt sich allein, denn es ist schwierig, sich mit Claudia zu unterhalten. Sie würde sich wünschen, normal mit ihr sprechen zu können. Mit den wenigen Worten, die Claudia schafft, ist das natürlich ausgeschlossen und für ihre Schwester ziemlich belastend (vgl. Z. 109–113).
Sie trägt große Verantwortung dafür, dass Claudia die regelmäßig notwendige Tablette bekommt (vgl. Z. 44–46). Auch muss sie achtgeben, dass Claudia durch ihr kindliches Verhalten nichts anstellt. Sie erlebt immer wieder Situationen, die sie richtig fordern und ärgern. Nach dem Vorfall mit dem Klopapier ist sie z. B. ziemlich „sauer“ (Z. 67) auf Claudia.
Eigentlich ist sie ohne Unterbrechung gefordert, hat keine Zeit für sich oder für ihre Freundin Jenny, die dafür wenig Verständnis aufbringt (vgl. Z. 126–131).
Aber dann gibt es eben auch wieder Lichtblicke wie das neue „Claudiawort“, die zeigen, dass die Ich-Erzählerin, trotz der Mühen mit ihrer Schwester, glücklich sein kann (vgl. Z. 149–155).

5. **Passende Textstelle zu Abbildung 2 finden und zitieren**

Hinweis: *Betrachte das Bild ganz genau und in aller Ruhe. Achte dabei auf die Körperhaltungen der beiden Mädchen und auf deren Gesichtsausdruck. Überlege: Was könnte vorausgegangen sein, was sich gerade abspielen und was nachfolgen? Dann wirst du die passende Textstelle relativ leicht finden. Beachte auch die richtige Zitierweise.*

„Ich möchte 'n Purzelbaum schlagen auf dem Asphalt und tu's natürlich nicht. Dafür tipp' ich Claudia gegen die Schulter. ‚Jenny', sage ich, damit sie ihr neues Wort nicht vergisst. ‚Jenny', sagt sie. Und jetzt freu' ich mich riesig, dass ich bei ihr geblieben bin." (Z. 149–155)

6. **Persönliche Gedanken formulieren**

Hinweis: *Diese offene Schreibform bietet dir die Möglichkeit, deine Gedanken ein wenig schweifen zu lassen. Allerdings weist dir die Aufgabe auch den Weg. Es ist wichtig, dass du dich in die Ich-Erzählerin hineinversetzt und dir vorstellst, du hättest diesen Tag mit Claudia durchlebt. Denke an die Belastungen und auch an den schönen Moment, als Claudia ein neues Wort spricht. Überlege, was es für die Ich-Erzählerin bedeutet, dass sie bei Claudia geblieben ist.*

Liebe Jenny,

du hast ja gesehen, dass ich heute wieder auf Claudia aufpassen musste. Es ist mir schwergefallen, zu Hause zu bleiben und nicht mit euch Rad fahren zu können, aber meine Mutter musste dringend weg.
Claudia hat mich ganz schön gefordert. Erst habe ich die Tabletten nicht gefunden, die sie dringend braucht, dann war sie selbst verschwunden, weil sie im Bad das Klo verstopft hat. Dafür kann sie nichts, ich weiß, aber es nervt manchmal schon sehr. Sie benimmt sich aufgrund ihrer Behinderung eben wie ein kleines Kind, was viel Geduld und gute Nerven verlangt.
Manchmal wünsche ich mir, ganz normal mit ihr sprechen zu können. Aber Claudia kann nur ein paar wenige Wörter. Oft weiß ich gar nicht, was sie meint. Am liebsten möchte ich dann einfach weg.
Heute Nachmittag war das plötzlich ganz anders. Ich war doch mit ihr draußen, als wir uns getroffen haben. Nachdem du weg warst, hat sie – kaum zu glauben – leise und noch undeutlich zum ersten Mal deinen Namen gesagt: „Jenny". Ich kann dir gar nicht sagen, wie glücklich ich über dieses neue „Claudiawort" war. Dass meine Schwester, die kaum mehr als ein Kleinkind spricht, plötzlich „Jenny" sagt, ist wie ein kleines Wunder. In diesem Moment habe ich mich so gefreut und es überhaupt nicht bereut, dass ich an diesem Nachmittag bei ihr geblieben bin.

Viele Grüße und bis morgen in der Schule
deine …

7. **Abbildung 2 analysieren**

Hinweis: *Jedes Detail in der Grafik ist wichtig: die Beschriftung der Achsen, die Länge der Balken und vor allem die Textangaben über und unter der Abbildung. Sieh dir die Grafik in ihren Einzelheiten genau an und stelle dann den Zusammenhang zwischen den Komponenten her, um die zentrale Aussage zu formulieren. In Teilaufgabe b musst du dir dann weitere Gedanken zur Grafik machen. Überlege, welche Anforderungen die Betreuung gesundheitlich eingeschränkter Personen an unsere Gesellschaft stellt: medizinische Behandlung, Pflegekosten usw.*

a) **Zentrale Aussage der Grafik formulieren**

Die Grafik bezieht sich auf das Jahr 2007 und zeigt in Form eines Balkendiagramms den Anteil der in Privathaushalten lebenden Menschen mit Behinderung in verschiedenen Altersabschnitten, aufsteigend vom 35. bis zum 94. Lebensjahr.

Aus der Abbildung wird ersichtlich, dass mit zunehmendem Alter die dauerhaften Gesundheitsprobleme, die das alltägliche Leben mehr oder minder stark einschränken, deutlich anwachsen. Sind in der Altersgruppe der 35- bis 44-Jährigen nur ca. 12 Prozent gesundheitlich eingeschränkt, verdoppelt sich dieser Anteil bereits bei den 65- bis 74-Jährigen und steigt dann in größeren Schritten auf über 40 Prozent bei den 85- bis 94-Jährigen.

b) **Weiterführende Gedanken zur Grafik**

Unsere gestiegene Lebenserwartung ist vielfach auch mit wachsenden Gesundheitsproblemen verbunden. Die dauerhaften Erkrankungen nehmen im Alter deutlich zu. Daher ist es wichtig, finanzielle Vorsorge zu treffen, um Behandlungs- und Pflegekosten zumindest teilweise auffangen zu können. Solche Sicherungssysteme muss eine Gesellschaft ihren Bürgern in zunehmendem Maße anbieten, z. B. durch eine gute Beratung, passgenaue Versicherungen und gesicherte Renten.

Aus der Grafik geht auch hervor, dass viele gesundheitlich eingeschränkte Personen in Privathaushalten leben. Das ist langfristig nur möglich, wenn unsere Gesellschaft den Betroffenen neben der finanziellen Hilfe auch geschulte Pflegefachkräfte zur Seite stellt, um die Familienmitglieder zu unterstützen.

Ebenso stehen die Medizin und ganz allgemein die Wissenschaft vor neuen Herausforderungen. Das frühe Erkennen von Krankheiten, die Erforschung neuer, erfolgreicher Behandlungsmethoden und die Entwicklung von Hilfsmitteln, die den älteren Menschen das tägliche Leben erleichtern, sind nur einige der Aufgaben, denen wir gegenüberstehen.

8. **Aus zwei Blickwinkeln Stellung nehmen**

Hinweis: *Bei diesem Auftrag bist du gefordert, ein Thema aus zwei Blickwinkeln zu untersuchen. Es geht also nicht darum, dass du dich für eine Sache und gegen eine andere entscheidest. Beides ist gleichermaßen zu betrachten: die Anstrengung und die Bereicherung des eigenen Lebens, wenn man sich um andere kümmert. Setzt du dich für andere Menschen ein? Sind deine Eltern engagiert, deine Verwandten, Freunde oder Bekannten, vielleicht auch Mitschüler? Suche Beispiele und nimm ausführlich Stellung. Skizziere vorab deine Gedanken und ordne sie. Eine Zweigliederung nach dem klassischen Muster – zunächst alles, was anstrengt, dann alles, was belastet – ist nicht verlangt. Stattdessen kannst du bei jedem gewählten Punkt auch sofort beide Aspekte behandeln, um den logischen Gedankengang nicht zu stören.*
Eine knappe Gliederung kann hilfreich sein, damit du keine Punkte vergisst. Einleitungs- und Schlussgedanke sind der Rahmen für den Hauptteil.

Gliederung als Lösungshilfe

Einleitung

„Jenny" – inhaltlicher Bezug zum Ausgangstext

Hauptteil

1. Wenn man sich für andere Menschen einsetzt, ist das anstrengend:
   - es kostet Zeit
   - man hat weniger Freizeit
   - man wird in die Verantwortung genommen
   - das geht an die Nerven
   - das strengt körperlich an
   - man muss sich darauf vorbereiten
   - man scheitert mitunter und ist dann frustriert
2. Es bereichert aber auch das eigene Leben:
   - es macht zufrieden, weil man geholfen hat
   - man weiß, dass die investierte Zeit nicht vertan ist
   - vom anderen kann viel gelernt werden
   - es gibt ein gutes Gefühl, weil man sich nicht gedrückt hat
   - man wird selbstbewusster
   - man wird sensibler für die Bedürfnisse der anderen
   - man lebt bewusster

Schluss

Menschliche Gemeinschaft braucht gegenseitige Hilfe

Lösungsbeispiel

Im Text „Jenny“ wird dem Leser deutlich vor Augen geführt, welche Anforderungen sich für die Ich-Erzählerin durch die Betreuung ihrer behinderten Schwester Claudia ergeben, aber auch welche positiven Gefühle diese besondere Beziehung hervorrufen kann.

Sich für andere einzusetzen kostet wertvolle Zeit. Am Nachmittag kümmere ich mich beispielsweise des Öfteren um meinen Opa, der schwer gehbehindert ist. Bei ihm läuft alles langsamer ab, daher muss ich meist viel Geduld mitbringen. Auch seine Wünsche fordern gehörig Ausdauer von mir: Entweder soll ich ihm aus der Küche etwas holen oder ihn selbst in einen anderen Raum bringen. Dann braucht er Hilfe im Bad oder er benötigt eine neue Batterie für sein Hörgerät. Später lese ich ihm meist etwas vor oder wir spielen Karten. Bei gutem Wetter sitzen wir auch gerne gemeinsam auf dem Balkon und beobachten das Treiben auf der Straße. Das beansprucht viel Zeit, die mir an anderer Stelle fehlt, z. B. um mit Freunden zu spielen, für die Schule zu lernen oder einfach nur zu entspannen. Andererseits macht es mich aber auch wieder zufrieden, wenn ich sehe, wie sehr Opa sich über meine Besuche freut. Er ist glücklich, dass er nicht allein sein muss, dass jemand da ist, mit dem er sprechen kann. Wenn ich dann abends über so einen Tag nachdenke, wird mir klar, dass diese Zeit bestimmt nicht vertan war.

Meiner großen Schwester ergeht es ähnlich, wenn sie manchmal auf die Kinder unserer Nachbarfamilie aufpasst. Waren die Kleinen wieder besonders anstrengend und nervig, sagt sie immer, es sei das letzte Mal gewesen, dass sie sich das antue. Allerdings verfliegt der Ärger auch schnell wieder. Dann erzählt sie uns, wie dankbar und froh die Eltern über ihre Unterstützung seien, wenn beide wieder in der Spätschicht arbeiten müssen. Sie bekommt dadurch einen Einblick in eine andere Familie und wird sensibler für die Probleme der anderen.

Aus diesem Grund helfe ich seit einiger Zeit einem Mitschüler bei seinen Schulproblemen und gebe ihm Nachhilfe in Mathematik. Anfangs fand ich die Tätigkeit sehr frustrierend, weil sich trotz der vielen Zeit, die ich für Nachhilfe und Vorbereitung des Materials opferte, seine Leistungen nicht besserten. Obwohl ich selbst leicht lerne und gute Noten schreibe, konnte ich ihm den Stoff nicht vermitteln. Indem ich mit Geduld stärker versucht habe, auf seine Probleme einzugehen, und wir beide durchgehalten haben, hat sich nun merklicher Erfolg eingestellt. Das macht mich ein wenig stolz und natürlich auch selbstbewusster.

Zum Schluss möchte ich noch das Beispiel meines Onkels anführen, der den Einsatz für andere zu seinem Beruf gemacht hat. Er arbeitet bei der Feuerwehr und erzählt uns immer wieder, wie belastend die Einsätze mitunter sein können. Doch aufgeben würde er diesen Beruf keinesfalls. Auch wenn einige Einsätze mit Misserfolgen verbunden sind, bereichern die Situationen, in denen er mit seinen Kameraden helfen kann, sein Leben ungemein. Angesichts der vielen schlimmen Dinge, die ihm begegnen, hat er auch gelernt, sein eigenes Leben innerhalb der Familie viel bewusster zu gestalten.
Bedürftigen Menschen so gut es geht zu helfen, sollte für jeden selbstverständlich sein. In unserer Gesellschaft ist das eine Grundvoraussetzung, um überhaupt von einer menschlichen Gemeinschaft sprechen zu können. Wer immer nur auf sich selbst schaut, wird nie erfahren, wie sehr gegenseitige Hilfe das Leben bereichern kann. Allerdings braucht man auch einen kritischen Blick, damit die Hilfe nicht zur einseitigen Verpflichtung und Dauerbelastung wird.

Textarbeit 2 – Diskontinuierlicher Sachtext

1. Grundgedanken des Textes formulieren

Hinweis: *Lies den Text aufmerksam durch. Gehe beim Formulieren der Grundgedanken möglichst abschnittsweise vor. Meist beginnt ein neuer Abschnitt auch mit einem neuen Gedanken. Formuliere im Präsens.*

Im Artikel „Nur Mut" aus der Zeitschrift FOCUS-Online setzt sich die Autorin Susanne Rytina mit den Begriffen „Mut", „Übermut" und „Zivilcourage" auseinander.

Es wird deutlich, dass mutiges Verhalten nicht angeboren ist, sondern erst erlernt werden muss. So brauchen wir z. B. geeignete Vorbilder, um Mut zu entwickeln.

Eine besondere Form von Mut, der soziale Mut, ist die Zivilcourage. Zivilcouragierte Menschen setzen sich ganz bewusst im Sinne ihrer Wertvorstellungen ohne Rücksicht auf eigene Nachteile für andere ein. Dazu benötigt es Zutrauen zu uns selbst. Dieses Selbstvertrauen aufzubauen, kann eine lebenslange Aufgabe darstellen.

Darüber hinaus wird aufgezeigt, dass Mut immer auch mit Angst verbunden ist. Als positives Beispiel wird Harry Potter genannt, der seine Ängste überwinden lernt und dadurch immer mutiger wird.

Wird die Angst aber nur verdrängt und entfällt die Einschätzung des Risikos, ist die Grenze zum Übermut rasch überschritten. Gruppendruck und Isolationsängste sind häufig die Gründe für unüberlegtes, gefährliches Handeln.

Um mutig zu werden, darf man auch Fehler machen. Kleine Schritte im Alltag, so erfährt der Leser schließlich, können vom Kleinkind- bis ins Erwachsenenalter Mut fördern und damit den Weg zur Zivilcourage anbahnen und ebnen.

2. Passende Fremdwörter im Text finden

Hinweis: *Lies den Text aufmerksam durch und markiere am besten alle Fremdwörter. Dabei findest du vielleicht schon die ersten passenden Kombinationen. Es kann aber auch sein, dass du einige Fremdwörter gar nicht bemerkst, weil man sie durch den häufigen Gebrauch oft nicht mehr als solche wahrnimmt. Wenn du unsicher bist oder die Bedeutung eines Fremdwortes nicht kennst, kann dir der Duden eine Hilfe sein. Du musst aber unbedingt darauf achten, dass es mehrere Bedeutungen geben kann. Der Textzusammenhang spielt daher immer die entscheidende Rolle.*

a) Mangel – Defizit (Z. 50)
b) ausgleichen – kompensieren (Z. 50)
c) deutlich aussprechen – artikulieren (Z. 84)
d) Wagnis – Risiko (Z. 72)

3. **Stichpunktartig Beispiele aus dem Text nennen**

Hinweis: *Gehe den Text aufmerksam durch, bis du über die Stelle „stolperst", in der von Menschen mit Zivilcourage und deren Überzeugungen die Rede ist. Schreibe vier Beispiele stichpunktartig heraus.*

- sind gegen jegliche Willkür
- setzen sich für Demokratie ein
- schreiten gegen Mobbing und Gewalt ein
- grenzen niemanden aus

4. **Passende Textstelle finden und zitieren**

Hinweis: *Du findest die Stelle vielleicht nicht auf Anhieb, weil die im Arbeitsauftrag verwendete Formulierung nicht wörtlich im Text auftaucht. Konzentriere dich auf den Inhalt der Aussage, nicht auf die Wörter. Wenn du ganz aufmerksam liest, fällt dir die Stelle sicher auf. Lass dich nicht irritieren, wenn darin Fremdwörter auftauchen, schlage sie im Zweifelsfall nach. Achte auch auf die richtige Zitierweise: Wörter in Anführungszeichen setzt du innerhalb des Zitats in einfache Anführungsstriche.*

Dass Jugendliche und Erwachsene oftmals nicht den Mut aufbringen „Nein" zu sagen, „liegt häufig an einer starken Bindung an die Familie, an ‚die Kumpels' oder die Clique. Loyalitätskonflikte und Isolationsängste hindern dann am mutigen kleinen Widerstand." (Z. 84–88)

5. **Begriffe anhand eigener Beispiele veranschaulichen**

Hinweis: *Die Begriffe „Mut" und „Übermut" werden im vorliegenden Text nicht nur verwendet, sondern auch gut erklärt. Suche die entsprechenden Stellen und mache dir den Bedeutungsunterschied noch einmal klar. Überlege, welche Situationen aus deinem eigenen Leben auf diese beiden Begriffe passen und führe jeweils ein geeignetes Beispiel an.*

„Mut beinhaltet immer auch die Fähigkeit zur Angst“, heißt es im Text. Ich hatte gewaltige Angst, als ich letztes Jahr mit meinem Fahrrad am Haus von Frau Imler vorbeikam. Dort qualmte es aus allen möglichen Öffnungen. Das Haus liegt abgelegen. Frau Imler ist gehbehindert und hat einen lieben Mischlingshund. Der bellte wie verrückt vor der Tür. Über Handy rief ich Hilfe, aber mir war klar, dass dies zu lange dauern könnte. Flammen sah ich nicht und aus einer Feuerwehrübung in der Schule wusste ich, dass man bei Qualm ganz unten am Boden bleiben muss. Ich hatte das Gefühl, dass ich es schaffen könnte. Also tauchte ich mein Taschentuch in die Regentonne, hielt es mir vor Mund und Nase und kroch hinein. Frau Imler saß hilflos im Rollstuhl. Es gelang mir, sie zur Tür zu ziehen. Dann hörte ich auch schon die Sirenen. Hinterher hat man mir gesagt, wie mutig ich gewesen sei. Wenn ich an meine Angst zurückdenke, kann ich mit Stolz sagen, dass ich in dieser Situation wirklich mutig war.
Ganz anders verhielt sich das bei einer Begebenheit mit meiner Clique vor wenigen Wochen. „Freerunning“ war angesagt. Ich kannte bis dahin nicht einmal das Wort. Man springt dabei über Treppen, Mauern, Zäune, Geländer usw., möglichst ohne Umwege zu machen. Es sollte eine Mutprobe für mich sein. Trainiert oder gelernt hatte das keiner von uns, aber alle hatten es im Film schon gesehen. Ich war sozusagen das „Versuchskaninchen“. Nachgedacht, was passieren könnte, habe ich nicht. Die Risiken habe ich vollkommen falsch eingeschätzt und Warnsignale in den Wind geschlagen. Im besagten Film konnte man nämlich auch die schlimmen Folgen sehen, wenn man vollkommen untrainiert solche Dinge angeht. Nach einem beherzten Anlauf und dem Sprung über eine nicht allzu hohe Mauer musste ich feststellen, dass dahinter leider eine Bordsteinkante war, über die ich stolperte.
Seit einer Woche bin ich wieder vom Gips an meinem linken Fuß befreit und um die Erkenntnis reicher, dass zwischen Mut und Übermut tatsächlich ein großer Unterschied liegt.

6. **Auf Äußerung in Cartoon reagieren**

Hinweis: *Bei der vorliegenden Abbildung handelt es sich um einen Cartoon, der eine durchaus ernste Situation komisch wirken lässt. Achte im Bild auf jedes Detail, lies dir die Aussage des Mädchens genau durch und denke daran, was du im Text über Zivilcourage erfahren hast. Beachte beim Formulieren der Reaktion des Jungen auch seinen Gesichtsausdruck.*

Mit dem Satz „Wenn so ein Idiot zuschlägt, MUSS ich dann Zivilcourage zeigen, oder kann ich mich vielleicht auch heimlich verdrücken?!" wird die Verunsicherung des Mädchens in diesem Cartoon spürbar.
„Heimlich Verdrücken geht fast immer", antwortet der Junge, „aber ist das eine Lösung für dich? Wenn dir bestimmte Werte wichtig sind, dann wirst du nicht überlegen, ob es ein MUSS ist, in einer Situation einzugreifen, in der andere geschlagen, gemobbt oder ausgegrenzt werden. Dann gibt es keine Alternative, du wirst automatisch einschreiten, wenn so ein Idiot zuschlägt und wirst dafür auch persönliche Nachteile in Kauf nehmen.
Das Besondere an der Zivilcourage ist, dass du eben nicht wegläufst, sondern Mut beweist, indem du Hilfe leistest oder zumindest andere ansprichst und sie auf eine kritische Situation aufmerksam machst. Zivilcourage setzt Einfühlungsvermögen und vor allem Vertrauen zu dir selbst voraus. Wenn du kein Selbstvertrauen hast, fehlt dir natürlich auch der Mut, dich in diese Auseinandersetzung einzumischen. Dabei darfst du aber auch Angst haben. Das ist ganz natürlich und auch wichtig.
Angst und Mut, das sind zwei Seiten einer Medaille. Beides macht Zivilcourage aus. Handle nicht unüberlegt und übermütig, sonst bringst du dich selbst in Gefahr. Prüfe, ob du der Situation gewachsen bist und überlege, wie du am besten helfen kannst: Greifst du selbst ein, bittest du andere Leute um Hilfe oder rufst du besser die Polizei? Nur wenn du das Risiko richtig einschätzt, wirst du sinnvoll handeln.
Das richtige Wechselspiel zwischen Angst, Mut und Selbstvertrauen zu entwickeln ist nicht einfach, aber du kannst es lernen. Fange in kleinen Schritten und in alltäglichen Situationen an, indem du z. B. Nein sagst, wenn eine Mitschülerin aus deiner Klasse zum wiederholten Mal deine Hausaufgaben abschreiben möchte und sie dich dabei sogar unter Druck setzt. Sag beherzt Nein, wenn man dir Zigaretten oder Alkohol anbietet und du das nicht willst. Wie die anderen reagieren, muss dir dann egal sein. Es geht um deine Gesundheit. Das ist der direkte Weg zu dem mutigen Verhalten, das du brauchst, wenn in einer wirklich kritischen Situation echte Hilfe gefordert ist und du Zivilcourage zeigen WILLST.
Verstehst du jetzt, warum mich deine Frage, ob du Zivilcourage zeigen MUSST oder du dich auch heimlich verdrücken kannst, vorhin so verwundert hat?"

7. **Text zu Abbildung 2 schreiben**

Hinweis: *Um eine passende Geschichte schreiben zu können, überlegst du dir zunächst einmal, was die vier Zeilen aussagen, von denen jede einzelne das Wort „dachte" beinhaltet. Durch Denken allein geschieht noch nichts, dazu muss man auch handeln. Der letzte Satz steht im Konjunktiv und bringt genau das zum Ausdruck. Überlege, was die fünf Personen, die im Text vorkommen, getan oder besser gesagt nicht getan haben könnten. Eine Inschrift auf einem Grabstein bedeutet, dass dabei jemand gestorben sein muss.*
Du kannst aus der Sicht einer beteiligten oder unbeteiligten Person erzählen (hier: Ich-Erzählung aus der Sicht von Andrea).

Erst als ich mir vertraute Stimmen hörte, wurde ich damals auf die Situation aufmerksam, die sich unten in der Hofeinfahrt abspielte. Wir haben im dritten Stock eine Wohnung und ich passte gerade auf meine kleine Schwester auf, als es unten auffallend laut wurde. Ich lief gleich auf den Balkon und sah zwei größere Jungen aus dem Nachbarviertel, die sich über Markus aus meiner Klasse hermachten. Er saß auf seinem Moped, konnte aber nicht weiter, weil sie ihm den Weg versperrten, ihn ständig schubsten, gegen seine Maschine traten und an seiner Kleidung zerrten.
Meine Freunde Peter, Stefan, Susanne und Georg waren auch unten im Hof. Als die Großen anfingen, Markus ins Gesicht zu schlagen und in den Magen zu boxen, schrie ich „Aufhören". Wirkung zeigte das nicht, weil der Lärm der Straße so laut war. Peter und Stefan liefen dann weg. Susanne hielt ihren Hund fest und schaute hilflos zu mir nach oben. Georg wirkte ziemlich aufgeregt, dennoch hoffte ich, dass er eingreifen würde.
Endlich gelang es Markus, sich loszureißen. Als er mit seinem Moped zwischen zwei Büschen hindurch plötzlich auf die Hauptstraße schoss, hatte der Fahrer eines Lieferwagens keine Möglichkeit mehr zu bremsen.
Bei der späteren Befragung durch die Polizei zeigte sich, dass meine Freunde und ich meinten, der andere würde den Anfang machen und Hilfe leisten oder zumindest holen. Auch ich kam mir schuldig vor. Und zusammen wären wir doch alle ganz schön stark gewesen.

8. **Problematik anhand von konkreten Beispielen aufzeigen und erläutern**

Hinweis: *Wenn du einige Bereiche aus deinem Leben wie Freizeit, Schule, Familie und Freundeskreis durchstreifst, findest du wahrscheinlich problemlos Situationen, in denen du mit deiner Meinung schon einmal sehr zurückhaltend warst. Warum verhält man sich dann so? In welchem Umfeld geschieht das Ganze? Die Problematik musst du an zwei konkreten Beispielen aufzeigen.*

Seine Meinung nicht zu äußern aus Angst, man könnte sich unbeliebt machen, kenne ich aus eigener Erfahrung. Ich bin leidenschaftliche Turnerin und schon seit meiner Kindergartenzeit im Verein aktiv. Nie habe ich jemals daran gedacht, mit dem Turnen aufzuhören. Vor etwa einem Jahr gab es jedoch plötzlich Unstimmigkeiten. Wir waren bis dahin eigentlich eine eingeschworene Gemeinschaft und verstanden uns prächtig, auch mit unserem Trainerteam. Aber zwei neue Trainer, veränderte Trainingszeiten, ein ungewöhnlich dichtes Programm und ein viel rauerer Umgangston seitens der neuen Übungsleiter hatten zu Meinungsverschiedenheiten innerhalb des Teams geführt.
Einige – darunter auch ich – kamen mit den Hausaufgaben nicht mehr zurecht, weil sich das Training sofort an den Unterricht anschloss. Schwierigkeiten in der Schule bahnten sich an. Ein nicht unerheblicher Teil von uns war aber der Meinung, dass das schon in Ordnung sei. Sie fanden das Verhalten der Trainer vertretbar, die unsere Probleme entweder gar nicht erkannten oder sie ignorierten. Zunehmend wurde das Ganze zur Qual.
Wir hatten aber – ehrlich gesagt – Angst davor, das Problem bei unseren Trainern und im ganzen Verein offen anzusprechen, weil wir befürchteten, als Nörgler und Miesmacher dazustehen und auch von den anderen ausgegrenzt zu werden.
Schließlich nahmen meine Freundin und ich unseren ganzen Mut zusammen und suchten ein klärendes Gespräch, um unsere ehrliche Meinung auf den Tisch zu bringen. Das war nicht einfach, aber es stellte sich doch heraus, dass unsere Trainer die Situation einfach falsch eingeschätzt hatten. Einigen in der Gruppe passte unser Vorstoß zwar ganz und gar nicht. Dass sich etwas zum Positiven änderte, war uns aber in diesem Fall wichtiger.
Auch Erwachsene können oft nicht über ihren Schatten springen, wenn es darum geht, mutig aufzutreten. Ich beobachte das immer wieder in unserer Nachbarschaft.
Seit Monaten ist die Stimmung in unserem Wohnviertel nicht gut. In unserer Straße gibt es relativ viele kinderlose Paare, die in Häusern mit schönen, großen Gärten wohnen. Und dann gibt es noch unsere zwei Wohnblocks. Hier leben

überwiegend Familien mit kleinen Kindern, denen kaum Spielflächen zur Verfügung stehen.
Der Gedanke, auf einer noch freien Wiesenfläche der Stadt einen kleinen Kinderspielplatz errichten zu dürfen, ist bei den wenigen Familien, die es betreffen würde, zwar allgegenwärtig, wurde aber lange nicht laut geäußert. Vor einigen Jahren haben wir schon einmal einen Vorstoß gewagt und um eine Dreißigerzone gebeten. Als ewig Fordernde, Nörgler und sogar „Unruhestifter" bezeichnet, wurden dann alle rasch zum Verstummen gebracht.
Dieses Mal soll das aber anders verlaufen. Es war für alle nicht leicht, kostete Überwindung und Mut, aber ein Termin beim Bürgermeister ist nun vereinbart. Man ist jetzt fest entschlossen, ehrlich seine Meinung auf den Tisch zu bringen und dafür zu kämpfen. Auch auf die Gefahr hin, sich unbeliebt zu machen, werden die betroffenen Familien nun alle gemeinsam zum Wohl der Kinder das „Projekt Kinderspielplatz" in Angriff nehmen und es couragiert durchziehen.

Qualifizierender Hauptschulabschluss Bayern 2011
Lösungen – Deutsch

Teil A: Rechtschreibung I und II

1. Modifiziertes Diktat

Bayern fördert talentierte Sportler

Bayern investiert / viel in die Förderung des Breitensports. / Perfekte Sportler werden nicht geboren, / sie müssen zunächst einmal ausgebildet werden. / Die Grundlagen hierfür vermittelt der Sportunterricht. / Schule und Verein arbeiten dabei eng zusammen. / In mehr als 70 Sportarten bieten qualifizierte Übungsleiter / am Nachmittag Sportarbeitsgemeinschaften an. / Die Schüler, die in ihrer Freizeit / kostenlos und freiwillig / das Training in Leichtathletik besuchen / oder Fußball spielen, / werden so an eine Sportart im Verein herangeführt. (73 Wörter)

Hinweis: *Für das Diktat gibt es 8 Punkte. Für jeden Fehler wird ein Punkt abgezogen. Für fehlende Satzzeichen, Umlaute und i-Punkte wird je ein halber Punkt abgezogen. Wiederholungsfehler werden nur einmal gewertet.*
Du bekommst nach dem Diktieren noch einmal fünf Minuten Zeit, um deinen Text mithilfe des Wörterbuchs zu überarbeiten. Wende dabei auch die gelernten Rechtschreibstrategien an.

2. Rechtschreibstrategien

Beispielwörter	Lösungsstrategie
Förderung, **M**öglichkeit	• Artikelprobe oder • Wortendung (-heit, -keit, ung)
zusa**mm**en, freiwi**ll**ig	• Doppelkonsonant nach kurz gesprochenem Vokal

Hinweis: *Zunächst musst du eine Strategie nennen, mit der Nomen erkannt werden können. Die Endungen „-ung", „heit" oder „-keit" signalisieren dir, dass es sich bei einem Wort um ein Nomen handelt. Zusätzlich kannst du prüfen, ob du einen passenden Artikel vor das Wort setzen kannst („die Förderung" – „die Möglichkeit").*

Im zweiten Fall musst du überprüfen, ob der Vokal vor dem Konsonanten kurz oder lang gesprochen wird. Nach einem kurz gesprochenen Vokal wird der folgende Konsonant verdoppelt („mm", „ll").
Für jede sinngemäß richtige Lösung gibt es einen Punkt.

3. **Richtige Schreibung**

Für Thomas Müller und Ilkay Gündogan ist der Traum vom Profifußballer in Erfüllung gegangen. „Ich habe schon immer Fußball gespielt, aber **dass** ich Fußballer werde, **das** war nur so ein Kindertraum", erinnert sich Gündogan. Der Moment, in dem sich herauskristallisiert hat, **dass** er Profi wird, ist für ihn schwer zu beschreiben: „So etwas ist natürlich pure Freude und viel Glück, **das** sich nicht erzwingen lässt."

Hinweis: *Handelt es sich um einen Artikel oder ein Pronomen (Demonstrativ- oder Relativpronomen), schreibst du „das". Ansonsten setzt du die Konjunktion „dass" ein.*
Jede richtige Lösung ergibt einen halben Punkt.

4. **Silbentrennung**

a) Leis – tungs – sport

b) För – der – maß – nah – men

c) fuß – ball – spe – zi – fisch

d) Durch – set – zungs – ver – mö – gen

Hinweis: *Es handelt sich um einfache mehrsilbige Wörter. Trenne sie so, wie sie sich in Silben zerlegen lassen, wenn du sie dir selbst langsam vorliest.*
Jede richtige Lösung ergibt einen halben Punkt.

5. **Wörter fehlerfrei aufschreiben**

a) Kontakt

b) versäumt

c) Bedarf

d) fordern

Hinweis: *Korrigiere den Text mithilfe der gelernten Rechtschreibstrategien. Wenn du dir bei der Schreibung einzelner Wörter unsicher bist, schlage sie im Wörterbuch nach.*
Jedes richtige Wort wird mit einem halben Punkt bewertet. Werden mehr als vier Wörter notiert, wird für jede falsche Lösung ein halber Punkt abgezogen.

Teil B: Schriftlicher Sprachgebrauch

Textarbeit 1 – Literarischer Text

1. **Inhalt des Textes zusammenfassen**

Hinweis: *Du musst den Text sehr aufmerksam lesen, um den Inhalt in nur wenigen Sätzen wiedergeben zu können. Orientiere dich an den Abschnitten und markiere Stellen, an denen ein neuer Gedanke beginnt. Fasse dann die Schlüsselstellen zusammen und schreibe sie auf. Damit du dich nicht in Details verlierst, solltest du immer wieder größere Textabschnitte mehrmals lesen. Schreibe im Präsens.*

Im vorliegenden Auszug aus dem Jugendroman „Und was mach ich? oder der Traum vom Fliegen“ von Gudrun Pausewang schildert die 13-jährige Nele eine Auseinandersetzung zwischen ihrem 16-jährigen Bruder Sascha und ihren Eltern. Die Situation erzählt sie nicht unparteiisch, sondern mit einer gewissen Bewunderung für ihren Bruder.

Neles Bruder Sascha ist Auszubildender in einem Friseursalon. Der Umstand, dass Sascha ausgerechnet als angehender Friseur seine Haare unkontrolliert wachsen lässt und diese auch sonst nicht pflegt, ruft vor allem bei seinem Vater Unverständnis und Ärger hervor. Betont gelassen, höchst träge und mit einsilbigen Antworten reagiert Sascha auf die kritischen Fragen und Belehrungen seiner Eltern und treibt damit die Wut seines Vaters auf die Spitze.

Auch als sich sein Chef bei den Eltern beschwert, wirkt Sascha unbeeindruckt von der großen Sorge seiner Eltern über die Reaktion seines Ausbilders. Er konfrontiert sie schließlich mit der „Offenbarung“, dass er Jesus als Vorbild für seine Haarpracht gewählt habe. Auf diesen geschickten Schachzug haben seine Eltern keine Erwiderung parat.

2. **Passende Fremdwörter im Text finden**

Hinweis: *Bei dieser Aufgabenstellung sollst du den vorgegebenen Begriffen die passenden Fremdwörter aus dem Text zuordnen. Folgende Vorgehensweise führt relativ zuverlässig zum Ziel: Lies den Text aufmerksam durch und markiere alle Fremdwörter. Dabei fallen dir vielleicht schon die ersten passenden Kombinationen ins Auge. Beim ersten Lesen könnte es aber durchaus sein, dass du einige gar nicht bemerkst, weil du sie durch den häufigen Gebrauch gar nicht mehr als Fremdwörter wahrnimmst. Wenn du unsicher bist oder die Bedeutung eines Fremdwortes nicht kennst, kann dir das Wörterbuch helfen.*

a) Gefühle, Gemütsbewegungen – Emotionen (Z. 46)
b) Begründung, Beweismittel – Argument (Z. 99)
c) vertreten, etwas darstellen – repräsentieren (Z. 55/56)
d) sich nach jemandem richten – sich orientieren (Z. 98)

3. **Sprachliche Bilder erklären**

Hinweis: *Mit sprachlichen Bildern lassen sich Aussagen besonders anschaulich für den Leser machen. Dabei steht der wörtlichen immer auch eine übertragene Bedeutung gegenüber, die du aus dem Textzusammenhang heraus beschreiben sollst. Die wörtliche Bedeutung ist nicht schwer zu erfassen. Den übertragenen Sinn findest du am besten, wenn du dich in die im Text beschriebenen Situationen gedanklich hineinversetzt. Lies dabei immer wieder im Text nach.*

a) Wenn eine Glut besonders heiß ist, dann wirkt sie fast weiß. Wer im übertragenen Sinn zur Weißglut gebracht wird, ist über etwas sehr wütend. Die Wut steigert sich schließlich bis zur „Weißglut". Sascha schafft es in der Auseinandersetzung mit seinen Eltern, dass sich vor allem sein Vater immer mehr aufregt. Anfangs wird dieser nur laut. Durch seine provozierende Teilnahmslosigkeit aber bringt ihn sein Sohn schließlich soweit, dass er sogar mit der Faust auf den Tisch schlägt und schreit. Sascha hat die Wut seines Vaters immer weiter gesteigert und damit seinen Vater in „Weißglut" gebracht.

b) Ist etwas schwer zu kontrollieren, kann man es schlecht „in den Griff kriegen". Das können im wörtlichen Sinn Gegenstände, im übertragenen Sinn aber auch Gefühle sein. So ergeht es Saschas Vater in der Geschichte. Sascha macht ihn wütend und strapaziert seine Nerven. Er versucht, seine Emotionen „in den Griff zu kriegen", damit er nicht die Kontrolle verliert und etwas tut, das er danach bereuen könnte.

c) Wenn man sich jemanden „vorknöpft", versucht man, demjenigen nachdrücklich klarzumachen, dass er sich in etwas irrt. Dem Treiben ihres Sohnes, sich nicht um seine Haare zu kümmern, haben die Eltern eine gewisse Zeit lang zugesehen, ihn durch gutes Zureden auch umzustimmen versucht. Nachdem Saschas Ausbilder die Eltern darum bittet, Sascha „zur Vernunft zu bringen" (Z. 73/74), wird ihm unmissverständlich gesagt, dass es so nicht weitergehen kann. Das Gespräch verläuft nicht mehr ruhig und bittend, sondern laut, im Befehlston und mit großem Druck. Vor allem sein Vater hat sich Sascha „vorgeknöpft".

4. **Passende Textstellen auswählen**

Hinweis: *Die zunehmende Verärgerung des Vaters ist im Text sehr anschaulich beschrieben. Dabei geht es letztlich nicht so sehr darum, was er sagt, sondern vielmehr ist entscheidend, wie er es sagt, wie sich seine Stimme und sein Gesichtsausdruck verändern, was er dabei tut. Wenn du jetzt aufmerksam liest, fallen dir diese geforderten vier Textstellen rasch ins Auge. Beachte auch, dass die zu betrachtende Textpassage durch die Zeilenangabe bereits vorgegeben ist.*

- „Vati holte tief Luft und sagte ruhig: ‚Deine Mutter hat etwas zu dir gesagt. Willst du ihr nicht antworten?'" (Z. 21–24)
- „‚Und?', rief Vati. Seine Erregung war nicht mehr zu überhören." (Z. 35/36)
- „Vati versuchte seine Emotionen in den Griff zu kriegen, wie Mutti das oft ausdrückt. Er lehnte sich zurück und starrte an die Decke, während er sprach." (Z. 46–49)
- „‚Sprich!', donnerte ihn Vati an. ... ‚Verdammt noch mal!', schrie Vati und schlug mit der Faust auf den Tisch, dass das Geschirr tanzte." (Z. 61–65)

5. **Eine Meinung mithilfe des Textes und der Abbildungen begründen**

Hinweis: *Suche zunächst die Stellen, aus denen hervorgeht, dass auch der Ausbilder mit Saschas Aussehen nicht einverstanden ist. Die Gründe dafür liefern dir die Karikatur (Abbildung 1) und der Auszug aus der Ausbildungsordnung für Friseure (Abbildung 2). Prüfe die Inhalte der Ausbildungsordnung und baue sie in deine Begründung mit ein. Überlege auch, was der Kunde in der Karikatur aus dem Aussehen des Angestellten ableitet. Beachte aber, dass eine Karikatur bewusst übertreibt und das Charakteristische an Personen und Vorgängen überzeichnet und verzerrt. Hinterfrage sie daher kritisch.*

Sascha selbst bestätigt, dass sein Ausbilder, ebenso wie seine Mutter, seine Haarpflege als unmöglich ansieht. Mit der Aufforderung des Chefs an die Eltern, dass sie sich ihren Sohn „vorknöpfen" sollen, und der Aussage, dass Sascha seiner Pflicht als Auszubildender nachzukommen hat, bringt der Ausbilder unmissverständlich zum Ausdruck, dass er mit Saschas Aussehen nicht einverstanden ist.

Mit einem Blick auf die Ausbildungsordnung für Friseure ist diese Einstellung des Ausbilders leicht nachvollziehbar. In §4 Nr. 5 ist die Rede vom Gesundheitsschutz und von den Anforderungen an die persönliche Hygiene des Auszubildenden, die es zu vermitteln gilt. Dass Sascha seine eigenen Haare waschen

und entsprechend pflegen soll, wird damit Teil der Ausbildung und ist nicht mehr nur seine Privatangelegenheit.
Die Kunden dürfen auch vom Auszubildenden erwarten, dass sie fachmännisch beraten werden. Kundenberatung und -betreuung ist unter §4 Nr. 7 als weiterer wesentlicher Punkt in der Ausbildungsordnung beschrieben. Diese Beratung kann jedoch nur dann überzeugend geleistet werden, wenn beim Auszubildenden selbst ein entsprechendes Bewusstsein für Hygiene und Pflege vorhanden ist. Der Ausbilder ist dafür verantwortlich, dass sein Auszubildender die Ziele der Ausbildungsordnung selbstständig und selbstkritisch umsetzt.
Über die Forderungen der Ausbildungsordnung hinaus bewegt Saschas Chef auch ein Umstand, der in der vorliegenden Karikatur sehr gut zum Ausdruck kommt: Wie fühlt sich ein Kunde, wenn ihm ein angehender Friseur gegenübertritt, der seine eigenen Haare nicht anständig frisiert? Dass der Kunde sicherheitshalber vorher den Chef sprechen möchte, ist nur verständlich. Wie soll jemand, der seine eigenen Haare nicht ordentlich pflegen kann, dies bei einem anderen in akzeptabler Weise schaffen? Der Chef fürchtet unter diesen Umständen natürlich um den guten Ruf seines Salons. Er muss darauf achten, dass Sascha durch sein eigenes gepflegtes Aussehen und sein Auftreten den Beruf des Friseurs „repräsentiert", wie der Vater es nennt.
Da eine Karikatur aber bekannterweise überzeichnet, bringt sie noch einen anderen Aspekt zum Ausdruck: Gutes Aussehen allein ist keine Garantie für gute Arbeit. Sascha kann, trotz seiner wüsten Haarpracht, sein Handwerk als angehender Friseur bestens verstehen. Man sollte also nicht rein nach dem äußeren Erscheinungsbild auf die Leistung schließen.

6. **Die Sichtweise der Erzählerin erklären**

Hinweis: *Zwar erzählt Nele die Geschichte nicht als direkt Betroffene, aber als Saschas Schwester hat sie einen persönlichen Bezug zum gesamten Geschehen in der Familie. Um erklären zu können, wie sie zum Konflikt zwischen ihrem Vater und ihrem Bruder steht, musst du den Text aufmerksam durchgehen. An mehreren Stellen stößt du auf Aussagen, die deutlich ihre eigene Meinung und ihr Empfinden in dieser Angelegenheit widerspiegeln. Ihre Haltung gibst du dann in eigenen Sätzen wieder.*

Nele ist als Erzählerin nicht unbeteiligt, sondern ergreift Partei für ihren Bruder. Gleich zu Beginn der Geschichte äußert sie Verständnis für die Wut ihres Bruders auf den Vater, obwohl sie erkannt hat, dass Saschas Frisur und Aussehen gewöhnungsbedürftig sind. Mitleid mit den relativ hilflosen Eltern, insbesondere mit ihrem Vater, ist dabei nicht auszumachen. Wie er sich aufregt, beschreibt sie eher belustigt, wenn sie z. B. sagt, dass er gleich „explodieren“ wird. Dass diese Aufregung ihrem Vater auch schaden könnte, kümmert sie anscheinend wenig. Das schlichte, aber folgenreiche „Aha“ ihres Bruders löst bei Nele dagegen einen regelrechten Freudensturm aus. Offensichtlich steht es auch bei Nele nicht gerade zum Besten mit dem Verhältnis zu ihrem Vater.

7. **Den Dialog fortsetzen**

Hinweis: *Wie sich der Dialog weiterentwickeln soll, ist zwar deiner Fantasie überlassen, dennoch solltest du dich am Gesamtverlauf der Geschichte orientieren. Versetze dich noch einmal in die Denkweise von Vater, Mutter und Sascha hinein und suche nach glaubwürdigen und nachvollziehbaren Gedanken, die dem gesamten Charakter des bisher Gesagten entsprechen. Achte auch darauf, dass du den gleichen Schreibstil und die Erzählperspektive beibehältst.*

„Ach was!“, rief plötzlich Mutti derart laut und heftig in die eingetretene Stille, dass selbst Vati zusammenzuckte. So kannten wir Mutti gar nicht. „Wenn du dich so an Jesus orientierst, wäre es nicht schlecht, wenn er dich auch mal wieder in der Kirche sehen würde! Dann wüsstest du auch, wie er aussieht!“ Sie verschwand im Wohnzimmer. Die Stille hielt an. Sascha wirkte etwas unsicher und sah ihr hinterher.

Mit einem dicken Buch kehrte sie zurück, knallte es auf den Tisch, dass Vati und Sascha erschrocken zurückwichen, und präsentierte in Windeseile zahlreiche großformatige Bilder. Alle zeigten Abbildungen von Jesus. Mit ruhiger und ungewohnt bedrohlicher Stimme fragte sie: „Wie trägt dein Vorbild die Haare?“ „Lang“, antwortete Sascha trotzig. „Richtig!“, rief Mutti so, dass wir wieder alle erschraken, „schulterlang, aber gleichmäßig und sichtbar gepflegt!“ Zufrieden blickte Mutti auf Sascha, der ganz kleinlaut geworden war. „Weit hast du es mit deiner Orientierung an Jesus also noch nicht gebracht. Aber wie wir alle sehen, arbeitest du noch daran. Wirst ja nicht umsonst Friseur!“ Sie klappte das Buch laut zu und verschwand wieder im Wohnzimmer.

Still war es. Sascha und selbst Vati sahen jetzt so aus, als ob sie eine schwere Rätselaufgabe zu lösen hätten. Vielleicht waren sie aber nur genauso beeindruckt wie ich. Was hatten wir doch für eine tolle Mutti!

8. **Konflikte zwischen Eltern und Kindern**

Hinweis: *Bestimmt fallen dir bei dieser Aufgabe viele Beispiele ein, die du schon einmal gehört oder selbst erlebt hast. In welchen Situationen war es gut, dass deine Eltern ein Machtwort gesprochen haben? Bei welchen Gelegenheiten hast du erfolgreich deinen Standpunkt durchgesetzt? Beschreibe an jeweils zwei Beispielen diese Situationen.*

a) Meine Mutter „schnüffelt" eigentlich nicht in unseren Zimmern herum, auch nicht im Schrank meiner 17-jährigen Schwester Elli. Aber beim Einräumen der gebügelten Wäsche fiel ihr auf, dass sich die Kleidungsstücke ihrer Tochter in immer kürzeren Zeitabständen auf wundersame Weise vermehrten. Umgekehrt schmolz ihr Erspartes und ihr Taschengeld, zu dem auch Oma jeden Monat etwas beisteuerte, schneller als Eiswürfel in der Limonade.
Natürlich führten unsere Eltern intensive Gespräche mit Elli. Sie versuchten ihr klarzumachen, dass ihr das Geld, das sie jetzt so ungehemmt ausgab, bald beim Erwerb des Führerscheins fehlen würde. Daraufhin herrschte zwischen ihnen längere Zeit Funkstille, weil Elli sich unverstanden fühlte und uneinsichtig war.
Als Ellis Taschengeld dann von meinen Eltern dramatisch gekürzt wurde und Oma ihren Anteil einstweilen für ihre Enkelin ansparen musste, verstand meine Schwester schnell, dass es so nicht weitergehen konnte. Natürlich rebellierte sie zuerst, aber bald verliefen die Gespräche zwischen ihr und meinen Eltern wieder recht harmonisch. Heute ist sie froh, dass meine Eltern eingegriffen haben und sie ihren Führerschein bezahlen konnte.

Auch bei meinem besten Freund Thomas habe ich erlebt, wie wichtig es manchmal ist, dass Eltern einen zur Vernunft bringen. Ausgerechnet ein Jahr vor dem Schulabschluss entdeckte er die große Freiheit. Seine ursprünglich guten Leistungen ließen zunehmend nach. Mit Kumpels, die es mit der Schule nie so genau genommen haben, verbrachte er viel zu viel Zeit in Discos und Kneipen, wodurch er dann in der Schule oft sehr müde und unkonzentriert war. Am Wochenende kam er fast gar nicht mehr nach Hause und seine Vision, dass er es auch ohne Schulabschluss zu etwas bringen würde, erschreckte seine Eltern ungemein.
Als Thomas dann anfing, die Schule zu schwänzen, griffen sie ein. Sein Vater brachte ihn jeden Tag zur Schule und holte ihn auch wieder ab. Am Nachmittag musste Thomas unter Aufsicht seiner Mutter für den Abschluss lernen. Außerdem wurde sein Taschengeld gekürzt. So hatte er keine Zeit und

kein Geld mehr für seine Vergnügungen. Er erzählte mir später, dass viele Gespräche nötig waren, oft eher heftige Auseinandersetzungen, bis die Einsicht in ihm reifte, dass der Abschluss entscheidend ist und sein Müßiggang nicht der richtige Weg sein konnte.

b) „Viele Weg führen zum Studium!", ist seit Jahren der deutliche Hinweis der Eltern meines besten Freundes Norbert. Wie sein weiterer Bildungsweg aussehen wird, ist damit schon festgelegt. Das bereitet ihm manch schlaflose Nacht, weil er sich mit der reinen Theorie noch nie richtig anfreunden konnte. Er ist vor allem an handwerklichen Dingen interessiert. Die von seinen Eltern aufgezeigten beruflichen Chancen und sehr guten Verdienstmöglichkeiten nach einem passenden Studium hingegen wecken nicht wirklich sein Interesse.
Nun ist es für ein harmonisches Familienleben zwar bedeutend, dass man zu Kompromissen bereit ist, mit seinen Wünschen zurücksteht und auf die Interessen und Bitten des anderen, insbesondere der Eltern, achtet. Manchmal ist es aber auch wichtig, dass Jugendliche ihren Standpunkt gegenüber den Eltern durchsetzen.
Genau das tut Norbert gerade. Ihn fasziniert der Umgang mit Holz und er weiß, dass ihm das wirklich liegt. In der Zimmerei seines Onkels beweist er schon jetzt sein Geschick, wenn er in der freien Zeit helfen darf. In der Schule bringt er im arbeitspraktischen Unterricht Bestleistungen und die von ihm erstellten Holzarbeiten brachten ihm schon mehrmals Preise bei Talentwettbewerben ein. Er ist fest entschlossen, den Weg zu gehen, der ihm wirklich liegt und der ihn zu seinem Traumberuf Schreiner führt. „Wer weiß", hat er seine Eltern beruhigt, „vielleicht beginne ich ja nach meiner Ausbildung noch ein Studium, das mich in meinem Beruf weiterbringt."

Als weiteres Beispiel dafür, dass Jugendliche manchmal ihren Eltern gegenüber auf ihrem Standpunkt beharren sollen, möchte ich die Urlaubsplanung mit meiner Familie anführen. Es war für mich immer ein Erlebnis der besonderen Art, den jährlichen Campingurlaub im Süden mit meinen Eltern und Geschwistern zu verbringen. Mit Zelt und Wohnwagen haben wir die halbe Mittelmeerküste erkundet und dabei immer sehr viel Spaß gehabt. Ich konnte mir nie andere Ferien vorstellen.
Doch mittlerweile belastet mich der Gedanke, dass wir demnächst im Familienrat den nächsten Campingurlaub planen werden. Meine Interessen haben sich in letzter Zeit gewandelt. Ich habe das meinen Eltern schon signalisiert,

sie haben aber versucht, mir die Vorteile der gemeinsamen nächsten Unternehmung aufzuzeigen. Allerdings sind das eher die Interessen meiner Eltern, weniger meine eigenen. Es fällt mir schwer, meine Eltern zu enttäuschen, aber ich freue mich sehr auf gemeinsame Unternehmungen mit meinen Freunden in der Ferienzeit. Wir haben ein Zeltlager und Fahrradtouren geplant, möchten ein tolles Open-Air-Konzert besuchen und einfach Spaß haben. Es soll ein Urlaub werden, für dessen Planung ich selbst verantwortlich sein kann.
Meine Eltern sind nicht direkt dagegen, haben aber Bedenken, weil sie nicht in der Nähe sind und alle möglichen Gefahren sehen. Ich selbst bin aber fest entschlossen, nicht nachzugeben, halte auch mit überzeugenden Argumenten dagegen und möchte mir zum ersten Mal einen persönlichen Ferientraum erfüllen, der ein wenig anders ist als früher. Meinen Eltern werde ich beweisen, dass sie sich auf mich verlassen können und ich bei allen Unternehmungen vorsichtig sein werde. Sicher werden sie dann stolz auf meine Selbstständigkeit sein.

Textarbeit 2 – Diskontinuierlicher Sachtext

1. Kernaussagen des Textes formulieren

Hinweis: *Um die geforderten drei Kernaussagen zu finden, musst du den Text in Sinneinheiten gliedern. Lies dir den Text deshalb aufmerksam durch und markiere Schlüsselstellen, an denen ein neuer Gedanke beginnt. Jetzt hast du einen guten Überblick über die verschiedenen Inhaltsbereiche der Geschichte bekommen. Formuliere nun die drei Kernaussagen. Um nicht in unwesentliche Einzelheiten abzudriften, solltest du immer wieder größere Textabschnitte wiederholend lesen.*

Im Text „Faszination Castingshow" lassen sich inhaltlich drei große Schwerpunkte ausmachen.
Zunächst wird die Frage beantwortet, warum solche Unterhaltungssendungen, die sich stets wiederholen, immer wieder Millionen Zuschauer in ihren Bann ziehen können. Experten liefern zahlreiche überzeugende Antworten. Zuschauer können sich mit den Kandidaten freuen und eifern bei ihren Auftritten mit. Sie bauen eine Beziehung zu den Kandidaten auf und sehen sie als Vorbilder. Zudem werden die Zuschauer angeregt, eigene Talente zu entdecken.
Darüber hinaus geht es um die Frage, warum sich Zehntausende für jede neue Staffel bewerben. Die Aussicht auf Reichtum, auf Verehrung durch die Fans und darauf, stets im Mittelpunkt zu stehen und bewundert zu werden, sind als Gründe leicht nachvollziehbar.
Zuletzt wird deutlich gemacht, dass Castingshows auch zahlreiche negative Seiten haben. Experten kritisieren vor allem das peinliche Vorführen von Menschen, die ihre Talente überschätzen. Sich nicht erfüllende Wunschvorstellungen vom großen Erfolg, der gnadenlos harte und zermürbende Arbeitsalltag bei denen, die es geschafft haben, und das abrupte Fallenlassen von Kandidaten bei Misserfolgen bleiben dem Zuschauer meist verborgen.

2. Stichpunktartig Gründe für den Erfolg nennen

Hinweis: *Finde die Textstelle, in der Aussagen über die Studie von Maya Götz gemacht werden. Markiere die Ergebnisse dieser Studie und nummeriere sie am Rand. Schreibe dann vier der Gründe, eine Castingshow anzusehen, in Stichworten heraus.*

- Freude darüber, dass der eigene Favorit seine Sache gut gemacht hat
- überprüfen, ob die eigene Einschätzung der Kandidaten richtig war
- letzte Sendung als Gesprächsthema für die Unterhaltung mit Freunden
- Kandidaten als Vorbilder, die sich in ähnlicher Lebenssituation befinden

3. **Passende Fremdwörter im Text finden**

Hinweis: *Um die passenden Fremdwörter zu finden, musst du den Text aufmerksam durchlesen. Markiere dabei alle Fremdwörter. Vielleicht ergeben sich dabei schon die ersten passenden Kombinationen. Beim ersten Lesen könnte es aber durchaus passieren, dass du einige Wörter nicht bemerkst, weil du sie durch den häufigen Gebrauch nicht mehr als Fremdwörter wahrnimmst. Lies dann noch einmal konzentriert den Text. Wenn du die Bedeutung eines Fremdwortes nicht kennst, hilft dir dein Wörterbuch. Denke daran, dass auch die Überschrift zum Text gehört.*

a) fesselnde Wirkung, Anziehungskraft – Faszination (Überschrift)
b) überliefert, herkömmlich – traditionell (Z. 56)
c) voraussichtlicher Sieger – Favorit (Z. 39)
d) Begabung, Fähigkeit – Talent (Z. 72)

4. **Sprachliche Bilder erklären**

Hinweis: *Sprachliche Bilder sollen bestimmte Aussagen für den Leser besonders anschaulich machen. Deswegen haben sie neben der wörtlichen Bedeutung auch einen übertragenen Sinn, den du erklären sollst. Überlege zunächst, was die Formulierungen „mit jemandem mitfiebern“ und „auf der Strecke bleiben“ im wörtlichen Sinn bedeuten. Dann denkst du darüber nach, was damit an den entsprechenden Stellen im Text ausgedrückt werden soll. Das ist die übertragene Bedeutung, die du schließlich mit je einem eigenen Beispiel verbindest.*

- **„mit jemandem mitfiebern“** (Z. 47/48)
  Wenn man mit jemandem „mitfiebert“, denkt, fühlt und leidet man genauso wie der andere, obwohl es einen selbst gar nicht betrifft. Als meine Schwester ihre Führerscheinprüfung hatte, war ich mindestens genauso aufgeregt wie sie selbst. Ich konnte an gar nichts anderes mehr denken und die Zeit bis zur Rückkehr von ihrer Prüfungsfahrt kam mir endlos vor. Im Geiste stellte ich mir all die Probleme vor, die auftauchen konnten, und hoffte, dass sie ja richtig darauf reagieren würde. So „fieberte ich mit ihr mit“, bis die Prüfung schließlich vorbei war – prima bestanden übrigens.

- **„auf der Strecke bleiben"** (Z. 103)
  Wer im wörtlichen Sinn auf der Strecke bleibt, kommt nicht mehr von der Stelle, wie etwa mein Vater, dem auf der Autobahn das Benzin ausging. Im übertragenen Sinn kommt man bei einer Sache nicht mehr mit und hat im Vergleich zu anderen nicht die gleichen Erfolge. So erging es meinem Onkel. Die Firma, in der er beschäftigt war, musste Konkurs anmelden. Sie bot ihren Mitarbeitern aber frühzeitig eine Vermittlungshilfe an, damit diese leichter bei anderen Arbeitgebern unterkommen konnten. Diese Chance nutzte mein Onkel aber nicht, gerade so, als ob er gar nicht von der baldigen Schließung betroffen sei. Als diese dann kam, hatten fast alle seine Kollegen eine neue Arbeitsstelle gefunden, er nicht. Er war zuerst arbeitslos und musste schließlich einen Job annehmen, der für ihn einen beruflichen Abstieg bedeutete. Er ist gegenüber seinen ehemaligen Kollegen „auf der Strecke geblieben".

5. **Kritische Aussagen erläutern**

Hinweis: *Den zentralen Kritikpunkt zu finden ist nicht schwer, weil im Text genau mit diesen Worten darauf hingewiesen wird. Du musst also nur aufmerksam lesen. Die Aussage anschließend zu erläutern setzt voraus, dass du einige Begriffe verstehst, die in der Aussage vorkommen. Aus dem Textzusammenhang lassen sie sich aber gut nachvollziehen. Wichtig ist, dass du mit eigenen Worten erklärst.*

a) „Ihr zentraler Kritikpunkt an diesen TV-Formaten ist jedoch ein anderer: ‚Die Ausbeutung derer, die unfreiwillig peinlich sind und vorgeführt werden, ist moralisch absolut verwerflich.'" (Z. 90–94)

b) Castingshows bieten Menschen mit unterschiedlichsten Talenten eine Möglichkeit, sich zu präsentieren. Dabei kommt es vor, dass sich Kandidaten vollkommen falsch einschätzen. Aufgrund ihres Aussehens oder der Art und Weise, wie sie sich bewegen, sprechen oder zu singen versuchen, ernten sie abwertende Kommentare, werden bedauert oder gar verspottet. Von Anfang an steht dabei fest, dass sie keine Chance auf Erfolg in dieser Show haben können. Diese Kandidaten werden auf dem Weg bis zu ihrem „großen" Auftritt von den Verantwortlichen aber nicht ehrlich beraten, sondern bewusst auf die Bühne geschickt, um einen zweifelhaften „Show-Effekt" zu erreichen. Hier wird die Würde von Menschen, die sich selbst aus unterschiedlichsten Gründen falsch einschätzen, mit Füßen getreten. Sie werden in ihrer Hilflosigkeit benutzt, um Umsätze zu steigern.

6. **Ergebnisse einer Befragung analysieren**

Hinweis: *Im ersten Teil der Aufgabe setzt du dich mit dem Schaubild (Abbildung 1), einem Säulendiagramm, auseinander. Bevor du Erkenntnisse formulierst, musst du die verschiedenen Altersgruppen genau miteinander vergleichen: Wo liegen die beiden Altersgruppen weit auseinander? Bei welchen Vorbildern sind die Werte ähnlich? Erst, wenn du die Zusammenhänge richtig erkannt hast, formulierst du dazu zwei Aussagen.*
Im zweiten Teil wählst du ein Vorbild aus, das deiner Meinung nach eine positive Auswirkung auf Jugendliche hat. Denke an verschiedene Lebensbereiche wie Beruf, Freizeit oder Zukunftsgestaltung und wähle dann ein passendes Vorbild aus, an dem du dich auch selbst orientieren würdest.

a) Die Darstellung einer Umfrage zum Thema „Vorbild“ unter Kindern und Jugendlichen zeigt überraschenderweise, dass sich Jugendliche zwischen 14 und 21 Jahren sehr an der Familie als Vorbild orientieren. Das können sowohl der Vater, die Mutter, die Geschwister als auch andere Familienmitglieder sein. Kinder zwischen 7 und 13 Jahren dagegen sehen eher ihre Freunde als Vorbilder.
Beide Gruppen der Befragten geben in etwa gleicher Höhe an, dass sie Vorbilder vor allem im Alltag treffen, z. B. Lehrer, Trainer, Freunde ihrer Eltern oder andere Menschen aus ihrem Umfeld.

b) Neben den Vorbildern aus dem alltäglichen Umfeld geben viele Jugendliche auch Sportler als ihr Vorbild an. Das verwundert nicht, denn gerade Sportler haben eine sehr positive Vorbildfunktion. Ich selbst bin gerade dabei, mich auf meinen ersten Schwimmwettkampf vorzubereiten. Die Jugendlichen, die aktiv in meinem Verein schwimmen, orientieren sich sehr genau am Trainingsverhalten ihrer Vorbilder. Für mich ist das vor allem Phillip aus meiner Trainingsgruppe, der bereits zahlreiche Wettkämpfe gewonnen hat. Pflichtbewusstsein, Zuverlässigkeit und Disziplin sind dabei Eigenschaften, die für den Erfolg notwendig sind. Ganz selbstverständlich richten auch die anderen Wettkampfschwimmer und ich uns daran aus.
Wir achten auch darauf, wie sich unsere Vorbilder ihre Zeit einteilen. Das gesamte Freizeitverhalten verändert sich allmählich. Ich habe gelernt, meine Zeit sinnvoll zu planen und optimal für das Training und die übrige Freizeitgestaltung zu nutzen. Es ist erstaunlich, dass trotz des hohen Trainingspensums die schulische Arbeit kaum darunter leidet. Aber ich muss natürlich noch lernen, viel konzentrierter zu arbeiten.

Bestimmt werde ich bei Wettkämpfen Frustrationen erleben. Das habe ich auch bei meinem Vorbild Phillip miterlebt. Ich fand es bewundernswert, wie er mit seiner letzten Niederlage umgegangen ist. Von ihm habe ich gelernt, dass das dazugehört und man den Blick wieder rasch nach vorne richten muss.
Ein weiteres wichtiges Vorbild im Sport ist für mich unser Trainer Jürgen. Er war mehrmals unter den besten Fünf bei den deutschen Meisterschaften. Besonders beeindruckend finde ich seine gesunde Lebensweise. Alkohol und Nikotin sind für ihn tabu, von anderen Drogen ganz zu schweigen. Seine Ernährung ist ausgewogen und er hat zum Ausgleich noch andere Hobbys. Das spricht viele von uns Jugendlichen im Verein an, weil wir wissen, dass dieser gesundheitsbewusste und sorgsame Umgang mit sich selbst auch eine wesentliche Garantie für die Leistung ist, die wir in unserem Sport erbringen wollen.
Schließlich ist es auch der Teamgeist meiner Vorbilder, der einfach ansteckt und die Gemeinschaft in meiner eigenen Gruppe stärkt. Es macht immer wieder Freude zu sehen, wie fair sie miteinander umgehen, die Leistung des jeweils anderen anerkennen, sich gegenseitig anspornen und vor allem auch aufbauen, wenn jemand vielleicht eine Niederlage erlitten hat.
Auch wenn ich mittlerweile im Schwimmen meinen persönlichen Stil gefunden habe, bleiben meine positiven Vorbilder ständige Begleiter.

7. Zu einer Karikatur kritisch Stellung nehmen

Hinweis: *Eine Karikatur übertreibt bewusst. Sie verzerrt und überzeichnet das Charakteristische an Personen und Vorgängen. Diese Widersprüche zur Realität musst du erkennen. Erläutere kritisch den Widerspruch zwischen der Grundaussage der Karikatur und deinen Erfahrungen in der Realität. Beziehe dann Stellung zu den unterschiedlichen Sichtweisen. Erstelle zunächst eine Gliederung, um deine Gedanken und Argumente zu ordnen. Verfasse dann die Stellungnahme. Achte bezüglich des Umfangs deiner Ausführungen auf die relativ hohe Punktzahl.*

Gliederung als Lösungshilfe

Einleitung

Schönheit als scheinbare Voraussetzung für Erfolg

Hauptteil

1. Schönheitsideale in unserer Gesellschaft
   - Schönheit in Werbung und Film

- Schönheit und Erfolg
- Schönheit und Jugend

2. Schönheit und Erfolg im Alltag
   - in der Schule
   - am Arbeitsplatz
   - in schwierigen Situationen
3. Schönheit und Wohlbefinden

Schluss
„innere Schönheit" und Erfolg

Lösungsbeispiel
Man ist dazu geneigt, dem Selbstbekenntnis der jungen Dame in der vorliegenden Karikatur „Ich bin schön, also bin ich wer" zuzustimmen. Oft möchte man glauben, dass Schönheit der Schlüssel zum Erfolg im Beruf und in der Partnerschaft ist und damit zu einem unbeschwerten Leben führt.
Schönheit ist in unserer Gesellschaft zu einem erstrebenswerten Lebensziel geworden. Mit Entbehrungen und unter immenser Anstrengung versuchen viele, einem Schönheitsideal nahezukommen, das uns durch sämtliche Medien vor Augen gehalten wird. Von Werbeplakaten und in Modekatalogen lachen uns Models an, die genau dieses Ziel bereits erreicht haben.
Diejenigen, die Castingshows erfolgreich durchlaufen haben oder auf andere Weise „entdeckt" worden sind, führen uns später in Werbefilmen und auf Laufstegen vor, dass man es durch Schönheit zu etwas bringen kann. Wenn die „Stars und Sternchen" dann mit ihrem beneidenswerten Aussehen bei einem Filmfestival über den roten Teppich marschieren, wird rasch klar, dass hier nur makellose Gesichter und Körper eine wirkliche Chance auf Erfolg haben.
Auch im Freundeskreis kann das manchmal gelten. Da kann es vorkommen, dass man wegen seines Aussehens gehänselt oder gar gemobbt wird. Von der Einsicht, dass Schönheit und tolles Styling nicht so wichtig sind wie gute Freundschaften, ist man oft weit entfernt.
Die Aussage der jungen Dame aus der Karikatur ist jedoch sehr einseitig, weil Schönheit gar nicht eindeutig definiert werden kann. Was der eine als makellos und schön empfindet, ist für einen anderen langweilig oder gar abschreckend. Was in unserem Land als schön gilt, stößt in einem anderen vielleicht auf Unverständnis.
Ebenmäßige Gesichtszüge und eine gute Figur garantieren noch lange keine guten Leistungen. In der Schule sind z. B. Ausdauer, Lerneifer und das Hinar-

beiten auf ein Ziel, nämlich einen guten Abschluss zu erreichen, gefragt. Hier geht es um die Zukunft, die wichtiger ist als vergängliche Schönheit.
Um in einem gutbezahlten und interessanten Beruf zu arbeiten, kommt es auch nicht bloß auf Schönheit an. Idealmaße, ein schönes Gesicht und eine schicke Frisur können wichtige Grundvoraussetzungen nicht ersetzen. Handwerkliche Fertigkeiten, die Fähigkeit, mit anderen in einem Team zu arbeiten, oder die Freude an der Arbeit werden nicht durch gutes Aussehen bedingt. Was nützt die Schönheit, wenn man als Verkäufer zwar gut aussieht, die Kundschaft aber falsch berät, weil man kein Gespür für deren Bedürfnisse hat?
Auch für einen angenehmen, menschlichen Umgang miteinander ist kein Bodybuilding- oder Schönheitswettbewerb nötig. Sich gegenseitig zu helfen und aufeinander zuzugehen, sind Eigenschaften, die wirklichen Erfolg oder, besser gesagt, menschlichen Gewinn bedeuten. Sie schaffen ein Klima, in dem sich jeder wohlfühlen und so sein kann, wie er eben ist.
Schönheit schützt auch nicht vor Krankheit. Wenn jemand schwer krank wird, verliert jegliches Schönheitsideal an Bedeutung. Spätestens dann wird klar, wie wenig einem das Streben nach perfektem Aussehen und makelloser Schönheit nützt. Stattdessen gewinnen andere Lebensinhalte an Bedeutung: Dann ist wichtig, keine Schmerzen mehr zu haben, nachts schlafen oder sich auf fremde Hilfe verlassen zu können.
Auf seinen Körper zu achten, ihn durch Sport fit zu halten, das Gesicht zu schminken und die Haare zu stylen, das alles ist völlig in Ordnung. Sich zu pflegen und zurechtzumachen ist in einem gesunden Rahmen normal und sogar wichtig für die körperliche Gesundheit. Im alltäglichen Umgang miteinander, sei es in der Schule, im Beruf oder in der Freizeit, bringt ein gepflegter Körper Wohlbefinden und bereichert den Umgang miteinander.
Letztlich bestimmt aber unser Charakter, nicht unser Aussehen, wie erfolgreich wir sind. Entscheidend ist, wie wir mit unseren Mitmenschen umgehen, wie viel Verständnis und Gespür wir für den anderen haben, wie viel Zeit und Hilfsbereitschaft wir aufbringen und wie wir mit uns selbst umgehen. Das alles ist die „Schönheit“, die von innen kommt, die unvergänglich ist und die mich zu einer Persönlichkeit macht. Erst dann „bin ich wer“.

Qualifizierender Hauptschulabschluss Bayern 2012
Lösungen – Deutsch

Teil A: Rechtschreibung I

1. **Benimm ist in**
   Die Deutschen legen großen Wert / auf einwandfreies Benehmen. / So zeigen Umfragen, / dass fast alle Bundesbürger / angemessene Umgangsformen für wichtig halten. / In der Tat sind gepflegte Manieren unverzichtbar, / um ein glückliches, konfliktfreies Leben / in der Gemeinschaft führen zu können. / Denn Höflichkeit im Umgang mit den Mitmenschen / regelt das Miteinander in unserer Gesellschaft. / Zwar gehen die Ansichten darüber auseinander, / was gute Etikette ist, / aber über grundsätzliche Verhaltensregeln / sind sich alle einig. (72 Wörter)

   Aus: Schule & Wir 1/11

   Hinweis: *Nach dem Diktieren bekommst du noch einmal fünf Minuten Zeit, um deinen Text mithilfe der gelernten Rechtschreibstrategien zu überarbeiten. Verwende auch ein Wörterbuch.*
   Für fehlende Satzzeichen, Umlautzeichen und i-Punkte wird je ein halber Punkt abgezogen. Falsche, fehlende oder nicht eindeutig lesbare Wörter sowie Trennungsfehler gelten als ganze Fehler. Wiederholungsfehler und mehrere Fehler in einem Wort werden nur einfach gewertet.

Teil A: Rechtschreibung II

1.

Beispielwörter	**Rechtschreibstrategie**
gutes **A**uftreten	☐ ein verwandtes Wort suchen ☒ Artikelprobe durchführen ☐ das Wort steigern ☐ den Plural bilden
erl**ä**utern	☐ auf die Endung achten ☐ Vergangenheit bilden ☒ ein verwandtes Wort suchen ☐ Grundform bilden

Hinweis: *Beim ersten Beispielwort handelt es sich um eine Nominalisierung. Das heißt, das Verb „auftreten" wird hier als Nomen verwendet und deshalb großgeschrieben. Die Artikelprobe hilft dir, die Nominalisierung zu erkennen (das Auftreten). Beim zweiten Beispielwort musst du verwandte Wörter suchen, denn nach dem sogenannten Stammprinzip schreibt man verwandte Wörter immer gleich – das bedeutet hier: aus a wird ä, aber nicht e (laut → erläutern).*
Für das richtig gesetzte Kreuzchen erhältst du jeweils einen halben Punkt. Bei mehreren angekreuzten Lösungen pro Teilaufgabe werden 0 Punkte vergeben.

2. Der Erziehungsexperte Dr. Gerhard rät**:** **„**Alle an der Erziehung Beteiligten sind Vorbilder und müssen an einem Strang ziehen. Es nutzt nichts**,** wenn die Mama verlangt**,** dass die Kinder bei Tisch nicht telefonieren**,** SMS schreiben und Musik hören**,** während der Papa sein Smartphone auch beim Essen nicht ausschaltet.**"**

   Hinweis: *Der Ratschlag des Erziehungsexperten wird in wörtlicher Rede wiedergegeben. Deshalb folgt nach dem ersten Satz ein Doppelpunkt. Die nachfolgenden Redesätze stehen in Anführungszeichen. Nebensätze werden mit Kommas voneinander getrennt, ebenso die beiden Aufzählungen im Mittelteil.*
   Für jedes richtig gesetzte Satzzeichen wird ein halber Punkt vergeben. Werden mehr als sechs Satzzeichen gesetzt, wird für jedes überzählige ein halber Punkt abgezogen.

3. a) Kollegen
   b) Vorgesetzten
   c) außen
   d) repräsentieren

   Hinweis: *Korrigiere den Text mithilfe der gelernten Rechtschreibstrategien. Wenn du dir bei der Schreibung einzelner Wörter trotzdem unsicher bist, schlage sie im Wörterbuch nach.*
   Jedes richtige Wort wird mit einem halben Punkt bewertet. Werden mehr als vier Wörter notiert, wird für jede falsche Lösung ein halber Punkt abgezogen.

4. Einige Arbeitgeber gestalten das Vorstellungsgespräch in Form eines gemeinsamen Essens, bei dem sie die Tischmanieren der Kandidaten kritisch betrachten.

Hinweis: *Wenn du den Satz langsam liest, erkennst du die bekannten Wörter. Setze nach jedem einen Schrägstrich in die Buchstabenschlange, so kannst du anschließend den Satz noch einmal lesen. Wende die gelernten Rechtschreibstrategien zur Groß- und Kleinschreibung an, um die Wörter richtig zu schreiben. Auch fehlende Kommas musst du eintragen. Haupt- und Nebensatz werden durch ein Komma abgetrennt.*
Für jeden Fehler (dazu zählen auch Abschreibfehler) wird dir ein Punkt abgezogen. Für fehlende Satzzeichen, Umlautzeichen und i-Punkte wird je ein halber Punkt abgezogen.

Teil B: Schriftlicher Sprachgebrauch

Textarbeit 1 – Literarischer Text

1. **Hinweis:** *Lies den Text zunächst aufmerksam durch. Unterteile ihn dann in Sinnabschnitte und markiere wichtige Aussagen. Jeder Sinnabschnitt beinhaltet einen neuen Gedanken. Meist fängt ein neuer Textabschnitt auch mit einem neuen Gedanken an. Beginne deine Inhaltszusammenfassung mit einem einleitenden Satz, in dem du Textsorte, Titel und Autor nennst und sagst, worum es im gesamten Text geht. Lies dann jeden Sinnabschnitt wiederholend durch und fasse ihn zusammen. Beschränke dich dabei auf das Wesentliche und verliere dich nicht in Einzelheiten. Formuliere im Präsens.*

   In der vorliegenden Erzählung „Dschungelkind" von Sabine Kuegler gibt die Autorin einen kurzen Einblick in ihr Leben in zwei verschiedenen „Welten": in ihre Kindheit im Dschungel von Papua Neuguinea und in das Leben in Deutschland.
   Sie beschreibt zum einen ihre Eindrücke und Gefühle in einer lauten Welt voller Hektik und sich ständig wiederholender, starrer Abläufe. In dieser modernen Gesellschaft fühlt sie sich trotz der vielen Annehmlichkeiten und der sie ständig umgebenden Menschen einsam. Zum anderen denkt sie zurück an ihre Kindheit, die sie größtenteils im Dschungel verbrachte, an die Geborgenheit und das Glück im Stamm der Fayu, der wie eine große Familie für sie war. Sie erzählt einige Beispiele aus dem Dschungelleben und bringt so für den Leser ihre Sehnsucht nach diesem Leben und den Freunden im Dschungel spürbar zum Ausdruck. Ihr Fazit lautet, dass es im Dschungel zwar körperlich anstrengender, doch seelisch wesentlich leichter war.

2. **Hinweis:** *Zu a: Hast und Hektik erlebst sicher auch du im alltäglichen Leben und die Gründe dafür sind dir bestimmt bekannt. Im Text begegnest du ihnen wieder und sie werden dir deshalb auch schnell auffallen. Es finden sich mehr Ursachen, als in der Aufgabenstellung gefordert sind, wähle vier aus. Achte darauf, dass du sie stichpunktartig wiedergibst.*
   Zu b: Mit einem sprachlichen Bild lässt sich eine Aussage besonders anschaulich für den Leser oder Zuhörer machen. Eine Form des sprachlichen Bildes ist der Vergleich. Du erkennst einen Vergleich an dem Wörtchen „wie" (Beispiel: Er springt wie ein Känguru.). Suche im Text nach einem solchen Vergleich. Zitiere den vollständigen Satz. Vergiss nicht, dein Zitat in Anführungszeichen zu setzen und die

Zeilen anzugeben. Überprüfe abschließend, ob du auch wirklich wortwörtlich zitiert hast.

a) Ursachen:
- große Menschenmengen, denen man nicht entfliehen kann (vgl. Z. 7–9)
- Baustellen- und Straßenlärm direkt vor dem Fenster (vgl. Z. 9–11)
- Streit mit der Familie und mit Nachbarn um Kleinigkeiten (vgl. Z. 12–14)
- niemals genug Zeit (vgl. Z. 14/15)

aber auch:
- Termine (vgl. Z. 54 u. 57)
- Verkehrsstau (vgl. Z. 58)
- Abhängigkeiten (z. B. von Umständen)/Zwänge (vgl. Z. 70–76)

b) Sprachbild:
„Das Leben hier [in Deutschland] ist für mich wie ein Tornado, es kommt und saugt mich auf, nimmt mich mit, wirbelt mich voller Hast und Hektik herum, bis ich den Eindruck habe: Die Zeit dreht sich schneller, als ich selbst mich drehen kann." (Z. 1–7)

3. **Hinweis:** *Im Text sind die zwei unterschiedlichen Lebenswelten der Autorin sehr anschaulich beschrieben. Überfliege den Text und suche die Abschnitte, in denen Sabine Kuegler von ihrem Leben im Dschungel erzählt. Unterstreiche alle Stellen, an denen sie beschreibt, was ihr am Dschungelleben gefallen hat bzw. was ihr jetzt fehlt. Fasse diese Textstellen anschließend in eigenen Worten zusammen.*

Die Autorin sehnt sich nach der Stille und dem Frieden, der im Dschungel herrscht, nach einem Leben ohne Zeitdruck und Zwänge, die sie einengen und von vielen Dingen abhängig machen. Im Dschungel gibt es eine feste Gemeinschaft, in der die Aufgaben und Rollen klar verteilt und berechenbar sind. Dort hat sie eine Familie, die immer für sie da ist, sie beschützt und ihr hilft. Alles wird geteilt und sie muss keine Angst haben, plötzlich im Stich gelassen zu werden. Zwar ist das Leben im Dschungel körperlich anstrengender als in der westlichen Welt, aber seelisch ist es für Sabine Kuegler viel leichter zu ertragen.

Das Gefühl, echten Frieden zu finden, wirklich frei und unabhängig in der Natur leben zu können, hat die Autorin dort wirklich glücklich gemacht und ihre Sehnsucht wachgehalten.

4. **Hinweis:** *Lies die Textanmerkung zum Begriff „Verlorenes Tal". Im Wortspiel kommt das Wort „Verloren" bzw. „Verlorene" zweimal vor. Welchen Gegensatz will die Autorin damit ausdrücken? Mache dir Notizen: Im Verlorenen Tal → glücklich; im Rest der Welt → verloren. Formuliere dann deine Antwort.*

   In West-Papua lebte die Autorin als Kind im sogenannten „Verlorenen Tal". Der Name lässt schon erahnen, dass es weitab von jeglicher Zivilisation liegt, eigentlich gar nicht mehr wahrgenommen wird. Man müsste meinen, dass man vergessen ist, ja regelrecht „verloren", wenn man an diesem Ort wohnt. Aber Sabine Kuegler fühlte sich dort nicht als Verlorene, denn sie fand in diesem Tal beim Stamm der Fayu Geborgenheit und Schutz und ein Leben voller Menschlichkeit.

   Verloren kommt sich die Autorin dagegen in der westlichen Welt vor, die sie als „Rest der Welt" bezeichnet, obwohl diese natürlich viel größer ist als das „Verlorene Tal". Aber sie fühlt sich hier nicht wohl, sondern einsam und orientierungslos, sie leidet unter dem ständigen Druck und den Regelungen. Absichtlich wählt sie daher diesen Ausdruck und macht deutlich, dass sie sich eben deshalb in unserer sogenannten „Wohlstandsgesellschaft" wie eine „Verlorene" vorkommt, nicht aber in ihrem einsamen Tal im Dschungel.

5. **Hinweis:** *Sieh dir das Bild genau an: Wen siehst du darauf und was passiert dort? Versuche die Stimmung dieser Szene nachzuempfinden, indem du dich in die Rolle des Kindes (der Autorin) hineinversetzt. Schreibe so, als ob du selber dieses Leben im Dschungel erlebt hättest. Berücksichtige dabei auch die Informationen aus dem Text. Schreibe in der Ich-Form.*

   Nun krame ich doch wieder in den alten Fotos, obwohl ich weiß, dass mir dabei das Herz auch heute noch schwer wird. Aber nach einem so anstrengenden Tag brauche ich jetzt diese Erinnerungen an meine Kindheit.

   Ach ja, das Foto zum Abschied! Rechts im Bild ist unser bester Freund aus dem Stamm der Fayu, bei dem wir lebten. Ich weiß noch, wie er mit seinen kräftigen Armen ganz sanft meinen Kopf nahm und an seine Stirn drückte. So sagt man sich bei den Fayu Lebewohl. Weil ich weinte, sagte er mir tröstende Worte und meinte, dass sich alle schon auf meine Rückkehr freuen würden. Dann gäbe es ein großes Fest. Meine Familie wollte für einige Zeit nach Deutschland reisen, ich wäre aber lieber im Dschungel geblieben.

   Ich sehne mich so nach dieser Zeit. Als Kinder waren wir im Dschungel frei, geborgen und glücklich. Ich wurde von der ganzen Dorfgemeinschaft immer beschützt und umsorgt, auch wenn meine Eltern mal nicht in der Nähe waren

– oder wie hier zum Abschied. Es gab natürlich auch Probleme und das Leben war körperlich manchmal sehr anstrengend. Aber es wurde mir dort immer geholfen. Alle fühlten sich verantwortlich, Schwierigkeiten gemeinsam zu lösen. Jeder kümmerte sich um jeden, alles wurde geteilt und mit den anderen Kindern der Stammesmitglieder lebte ich unbeschwert zusammen. Die Hektik, die ich hier erlebe, die vielen Pflichten, aber auch die Annehmlichkeiten würde ich manchmal gerne eintauschen für ein Leben wie damals im Urwald unter meinen Freunden.

6. **Hinweis:** *Im Text wird ausführlich beschrieben, wie verloren sich die Autorin in der für sie fremden westlichen Welt vorkam. Um eine eigene Situation zu finden, in der du dich fremd gefühlt hast, gehst du am besten gedanklich verschiedene Stationen in deinem Leben durch, an die du dich noch gut erinnern kannst. Vielleicht hast du einmal an einem Schüleraustausch teilgenommen und dich in der Gastfamilie fremd gefühlt. Oder du hast mit einer Jugendgruppe die Ferien verbracht und dich nicht ganz wohlgefühlt. Wenn dir kein eigenes Erlebnis einfällt, denkst du dir einfach eines aus. Beachte, dass du deine Gefühle und die Gründe dafür beschreiben musst.*

Letztes Jahr habe ich einen Ferienjob angenommen, da ich mir für eine neue Kamera Geld verdienen wollte. Weil sich die Firma mit Garten- und Landschaftsbau beschäftigte, freute ich mich schon darauf. Unseren Garten zu hegen und pflegen ist nämlich ein Hobby von mir.
Die Ernüchterung folgte allerdings schnell. Eingezwängt zwischen den Arbeitern der Firma steuerten wir mit einem Transporter eine Art Großbaustelle an, die nicht viel Ähnlichkeit mit einem Garten aufwies. Und schneller als ich mich umsehen konnte, waren alle bei der Arbeit und ich stand recht verloren zwischen Baumaschinen, Steinhaufen und ausgehobenen Gräben. Mich überkam ein seltsames Gefühl der Hilflosigkeit. Zu fragen, was ich jetzt tun sollte, traute ich mich nicht, und Zeit, um mir etwas zu erklären, hatte offensichtlich auch niemand. Es kam mir so vor, als ob mich alle ablehnen und nicht ernst nehmen würden.
Schließlich sollte ich mit einer Schubkarre Steine quer über das Gelände transportieren. Mit der Arbeit im Vorgarten hatte das nichts gemeinsam. Die Schubkarre fühlte sich tonnenschwer an. Dazu hatte ich den Eindruck, als ob ich die heißeste Woche der letzten zehn Jahre erwischt hätte. Zu meiner Schande kippte mir die Karre auch noch mehrmals um, sodass ich die Steine

wieder hineinschaufeln musste. In der kurzen Brotzeit und später dann in der Mittagspause sank ich wie ohnmächtig in den Schatten.
Ich schämte mich richtig und hätte am liebsten meine Eltern angerufen, damit sie mich abholten. Ich war der Einzige in meinem Alter, der hier arbeitete. So wollte ich auch mit niemandem darüber reden, dass ich mich fremd und ausgegrenzt fühlte.
Dass man mich aber eigentlich nur schonen wollte, die Arbeiter eben auch unter Zeitdruck waren und ich viele positive Worte und Signale an diesem ersten Tag gar nicht wahrnahm, habe ich erst in den folgenden Tagen verstanden. Es lief dann immer besser und ich war stolz darauf, dass ich durchgehalten hatte – meine Arbeitskollegen übrigens auch.

7. **Hinweis:** *Wenn du aufgefordert wirst, zu einer bestimmten Textaussage Stellung zu nehmen, musst du zunächst einmal darstellen, welche Position du vertreten willst. Stimmst du der Autorin zu oder findest du es falsch, was sie sagt? Das allein reicht aber nicht. Du musst deine Meinung auch mithilfe aussagekräftiger Argumente begründen. Notiere diese zunächst stichpunktartig auf einem Extrablatt. Beachte, dass ein Argument aus These, Erklärung und anschaulichem Beispiel bestehen sollte. Anschließend bringst du deine Argumente in eine sinnvolle Reihenfolge. Halte auch mögliche Gegenargumente fest, und versuche, das wichtigste von ihnen zu entkräften.*

Einleitung
Hinführung zum Thema und Zielvorgabe

Die Autorin beschreibt im Text „Dschungelkind“ neben ihren Eindrücken vom Dschungelleben auch das Leben in der westlichen Welt und bringt zum Ausdruck, was sie hier vermisst. Sie meint, dass es anderen auch nicht besser gehe. Im ersten Moment würde ich diese Meinung nicht mit ihr teilen. Eigentlich geht es mir recht gut. In der Schule klappt alles, zu Hause auch, und mit meinen Freunden nutze ich jede freie Minute, um etwas zu unternehmen. Das Großstadtleben mit seinen zahllosen Unterhaltungsangeboten genießen wir in vollen Zügen.

Überleitung
kritischer Blick auf westliches Leben deckt Mängel auf

Wenn ich unsere Gesellschaft insgesamt aber mit kritischem Blick betrachte und über das Leben in unserer zivilisierten Welt nachdenke, muss ich zugeben, dass in vielen Bereichen sehr wohl etwas fehlt.

So ist es trotz zahlreicher Vorteile bedenklich, wie verschwenderisch unsere Konsumgesellschaft mit ihren kostbaren Ressourcen und den Produkten umgeht. Ich denke dabei z. B. an Nahrungsmittel, Einwegartikel und Billigwaren, die meist schnell weggeworfen werden, obwohl man sie wiederverwenden könnte. Von Umweltschutz wird zwar immer gesprochen, aber er wird nicht wirklich umgesetzt.

Hauptteil
Argument 1
Verschwendung und mangelndes Umweltbewusstsein

Manchmal ärgere ich mich auch über Persönlichkeiten in Politik und Wirtschaft, die es mit der Ehrlichkeit nicht so genau nehmen. Dabei sollten sie doch Vorbilder für uns sein. In den Medien gibt es sehr häufig Berichte darüber, dass sich jemand auf Kosten anderer bereichern will. Das schadet nicht zuletzt dem Ansehen unserer gesamten Gesellschaft.

Argument 2
schlechte Vorbildfunktion bekannter Persönlichkeiten

In unserer „Ellenbogengesellschaft" scheitern Ältere, Arbeitslose, Behinderte und andere Benachteiligte häufig an der Bürokratie oder am Unverständnis der Allgemeinheit. Längst sind wir noch nicht soweit, dass alle benachteiligten Menschen an unserem gesellschaftlichen Leben teilhaben können.

Argument 3
Ausklammern Schwächerer in unserer Gesellschaft

Auch wenn ich die Freizeit mit Freunden gerne in der Großstadt genieße, wünsche ich mir dennoch, dass unser Alltagsleben etwas langsamer ablaufen würde. Von morgens bis abends ist man in einen engen Zeitplan eingebunden, der fast keine Auszeiten mehr zulässt. Das zeigt sich natürlich auch in der Familie, in der man sich tagsüber kaum noch sieht.

Argument 4
Alltagshektik in Schule, Freizeit und Familie

Es fehlt also doch einiges in unserer Gesellschaft. Veränderungen sind dringend nötig. Mir wäre schon geholfen, wenn man über die Zukunft auch mal positiv sprechen und nicht nur Schreckensszenarien aufbauen würde. Wir Jugendlichen brauchen Menschen, die uns Möglichkeiten aufzeigen, wie wir vieles besser machen können, sodass wir in unserer zukünftigen Gesellschaft weniger vermissen werden.

Schlussgedanke und Stellungnahme
positiven Blick in die Zukunft wagen

Textarbeit 2 – Diskontinuierlicher Sachtext

1. **Hinweis:** *Eine gute Überschrift muss Bezug auf den Kerngedanken des Textes nehmen. Es ist also wichtig, dass du verstanden hast, worum es in dem Text geht. Einen Hinweis gibt dir natürlich die vorhandene Überschrift. Hier taucht das Wort „Verschwendung" auf. Es liegt also nahe, zu vermuten, dass es im Kern um die Verschwendung von Lebensmitteln geht. Diesen Gedanken musst du in der Überschrift zum Ausdruck bringen.*

   - Nahrungsmittelvernichtung – Werteverlust in der Wohlstandsgesellschaft

   aber auch:

   - Lebensmittelverschwendung – und kein Ende!
   - Lebensmittel – ein Wegwerfprodukt
   - Lebensmittelproduktion für die Müllhalde

2. **Hinweis:** *Am besten gehst du so vor: Überfliege den Text noch einmal und markiere alle Stellen, die Zahlen enthalten. Beachte aber, dass die Zahlen nicht nur in Ziffernschreibweise auftauchen, sondern auch als Wort. Achte deshalb genau auf den Inhalt der Sätze.*
   Da du zitieren sollst, musst du unbedingt daran denken, die Sätze in Anführungszeichen zu setzen und die Zeilen anzugeben.

   - „Die Hälfte der Lebensmittel, die weltweit erzeugt werden, landet auf dem Müll." (Z. 1/2)
   - „... dass in Österreich pro Haushalt und Jahr Nahrungsmittel im Wert von 400 Euro weggeworfen werden." (Z. 42–45)

   aber auch:

   - „... jährlich werden in Deutschland 500 000 Tonnen Brot weggeworfen." (Z. 78–80)
   - „In Deutschland landen 10–20 Prozent der Tagesproduktion einer Bäckerei im Abfall." (Z. 73–75)
   - „Ein Drittel der Klimagase wird von der Landwirtschaft produziert, die Hälfte ihrer Erzeugnisse landet auf dem Müll." (Z. 99–102)

3. **Hinweis:** *Lies noch einmal den Text. Markiere dabei die Stellen, an denen Gründe für die Lebensmittelverschwendung genannt werden. Notiere diese dann in eigenen Worten stichpunktartig.*

- Lebensmittel sind billiger geworden (vgl. Z. 19/20)
- Überangebot und verlängerte Ladenöffnungszeiten verführen zu unnötigen Einkäufen (vgl. Z. 23–27)
- Reste werden nicht verwertet, sondern entsorgt (vgl. Z. 33–37)
- Aussortieren, da Haltbarkeitsdatum abgelaufen (vgl. Z. 58–60)

aber auch:

- Aussortieren wegen geringer Schönheitsfehler (vgl. Z. 49–55 u. 81–86)
- Arbeitszeit zum Aussortieren zu teuer (vgl. Z. 56/57)
- Überproduktion (vgl. Z. 75–77)

4. **Hinweis:** *Lies dir den Text aufmerksam durch und markiere alle Fremdwörter. Dabei fallen dir vielleicht schon einige passende Kombinationen ins Auge. Beim ersten Lesen könnte es aber durchaus passieren, dass du manche Fremdwörter gar nicht bemerkst, weil man sie durch den häufigen Gebrauch oft nicht mehr als solche wahrnimmt. Wenn du unsicher bist oder die Bedeutung eines Fremdwortes nicht kennst, dann schau ins Wörterbuch. Da manche Fremdwörter mehrere Bedeutungen haben können, spielt immer auch der Textzusammenhang eine entscheidende Rolle.*

a) gebietsweise, das Umland betreffend	–	regional (Z. 107)
b) die Sauberkeit betreffend	–	hygienisch (Z. 64)
c) Geschäft mit besonders günstigen Angeboten	–	Discounter (Z. 13)
d) Bildungs- oder Forschungsanstalt	–	Institut (Z. 41)

5. **Hinweis:** *Lies zunächst noch einmal die Textstelle, in der das Wort genannt wird. Die beiden Wortbestandteile geben dir schon einen ersten Hinweis. Wähle dann ein Lebensmittel aus, von dem du weißt, wie es hergestellt wird bzw. wie es von der Herstellung zum Verbraucher gelangt. Notiere dir erst stichpunktartig die einzelnen Stationen (die Glieder der Kette), die dieses Lebensmittel durchläuft, und formuliere anschließend deine Stichpunkte in ganzen Sätzen.*

So, wie die einzelnen Glieder einer Kette aufeinanderfolgen und miteinander verbunden sind, verhält es sich mit einer „Versorgungskette" im Bereich der Lebensmittel. Diese beginnt beim Abbau eines Rohstoffs und endet beim Verkauf eines Produktes an den Endverbraucher. Wenn wir z. B. Brot im Supermarkt kaufen, ist uns oft gar nicht bewusst, wie viele Stationen dieses Lebensmittel bis dahin schon durchlaufen hat.

Alles beginnt mit dem Anbau des Getreides auf den Feldern und der Ernte durch den Landwirt. Das geerntete Getreide muss dann zu einer Sammelstelle und von dort in großen Mengen zur Mühle transportiert werden. Heute sind Mühlen hochtechnisierte Unternehmen, die aus dem Getreide unterschiedlichste Mehlsorten herstellen können. Ein Transportunternehmen beliefert anschließend Großbäckereien als weiteres Glied in der Versorgungskette. Diese stellen aus dem Mehl Brote und andere Backwaren her. Die fertige Ware wird dann an den Supermarkt geliefert. Häufig beliefert eine Großbäckerei viele verschiedene Märkte gleichzeitig. In den kleinen Bäckereifilialen der Supermärkte werden Brötchen und Croissants dann noch einmal kurz aufgebacken, damit ihr Duft die Kunden anlockt. Als letztes Glied in der Versorgungskette und damit als Endverbraucher kaufen wir dann das fertige Brot.

6. **Hinweis:** *Zu a: Bevor du eine zentrale Aussage als Überschrift formulierst, musst du die Arbeitszeiten in den angegebenen Zeitabschnitten (1970 und 2008) genau miteinander vergleichen, um den Zusammenhang richtig zu erkennen.*
Zu b: Den in der Grafik dargestellten Sachverhalt findest du auch im Text beschrieben. Lies ihn noch einmal mit Blick auf die von dir gefundene Kernaussage durch. Beachte: Wenn es heißt, dass man für Lebensmittel weniger lange arbeiten muss, dann bedeutet das zugleich, dass die Lebensmittel billiger geworden sind, da die Produzenten ihren Angestellten weniger bezahlen müssen.

a) • Immer weniger Arbeit für mehr Lebensmittel
aber auch:
• Arbeitszeit für Nahrungsmittelerwerb damals und heute
• Erwerb von Nahrungsmitteln immer günstiger

b) Dem Schaubild können wir entnehmen, dass in den vergangenen vier Jahrzehnten immer weniger gearbeitet werden musste, um die gleiche Menge an Lebensmitteln kaufen zu können. Wie im Text beschrieben, werden diese dadurch immer billiger. Entsprechend sorglos gehen wir mit ihnen um. Man kauft zu viel, sortiert wahllos aus und wirft schneller etwas weg. Die Möglichkeit, Reste zu verwerten, sehen wir oft gar nicht mehr. Dass dadurch wertvolle Lebensmittel verschwendet werden, bemerken immer weniger Menschen.

7. **Hinweis:** *Dein Text soll deine Mitschüler dazu motivieren, wieder mehr Achtung vor dem Essen zu haben. Du musst sie also mithilfe begründeter und sachlich richtiger Argumente überzeugen. Stell dir am besten vor, was dich selbst ansprechen und dazu bringen würde, aktiv mit anzupacken. Berücksichtige diese Überlegungen beim Schreiben und suche überzeugende Beispiele, die tatsächlich umsetzbar sind.*

Liebe Mitschülerinnen und Mitschüler,

Anrede

was Hunger bedeutet, wusste man in der Nachkriegszeit und wird uns auch in heutiger Zeit durch große Hungersnöte in ärmeren Ländern, wie z. B. in Afrika, immer wieder vor Augen geführt. Wir in unserer westlichen Wohlstandsgesellschaft fühlen uns davon aber offensichtlich nicht betroffen. Wie könnte es sonst sein, dass die Hälfte der weltweit erzeugten Lebensmittel auf dem Müll landet und vieles schon nach der Ernte oder bei der Herstellung entsorgt wird, weil es nicht gut genug aussieht? Es ist eine Schande, dass allein in Deutschland jährlich 500 000 Tonnen Brot weggeworfen werden oder in Österreich Nahrungsmittel im Wert von 400 Euro pro Haushalt in der Tonne landen. Ich könnte euch noch viele Beispiele aufzählen. Die Folgen sind schrecklich! Der Preis für die Grundnahrungsmittel ist für die ärmeren Länder kaum mehr zu bezahlen, da er durch die hohe Nachfrage immer weiter steigt. Natürliche Ressourcen werden verschwendet, vor allem kostbares Wasser für die Produktion. Gerade weil die Hälfte der landwirtschaftlichen Erzeugnisse auf dem Müll endet, ist es erschreckend zu sehen, dass ein Drittel der Klimagase allein von der Landwirtschaft erzeugt wird.

Einleitung
Bewusstmachen der enormen Verschwendung von Nahrungsmitteln und Ressourcen

Aber nur zu kritisieren nutzt nichts. Es liegt auch an uns, mit gutem Beispiel voranzugehen. Vielleicht fühlst du dich jetzt selbst angesprochen und möchtest mithelfen, die Situation zu verbessern und gegen diese unnötige Verschwendung vorzugehen. Hier ein paar Vorschläge:

Hauptteil
Aufruf an die Mitschüler, sich aktiv einzubringen

Lasst euch nicht durch das sogenannte Mindesthaltbarkeitsdatum täuschen. Auch wenn es viele Tage überschritten ist, kann man diese Lebensmittel meist noch bedenkenlos essen. Wenn man beispielsweise einen Joghurt öffnet, sieht man

bewusster Konsum mit kritischem Blick auf Haltbarkeit und Verbrauchsdatum

gleich, ob er noch genießbar ist oder nicht. Nur bei Fleisch-, Fisch- und Eiprodukten muss das Verbrauchsdatum beachtet werden. Informiert eure Eltern, Geschwister und Verwandten darüber. Schon dadurch lassen sich viele Lebensmittel vor der Verschwendung bewahren. Auch Brot und andere Backwaren, die nicht mehr ganz frisch sind, könnt ihr auf dem Toaster leicht rösten und schon schmecken sie wieder gut. Probiert es einfach aus.

bewusster Einkauf und Wiederverwertung von Nahrungsmitteln

Überlegt doch einmal kritisch, was ihr innerhalb einer Woche alles esst und wie viel ihr davon in den Müll werft. Plant darum eure Einkäufe sorgfältig und kauft nur so viel, wie ihr auch essen könnt. Bleiben dann doch einmal Reste übrig, lassen sich diese oft prima aufbereiten. Sie können so ein Essen ersetzen, für das man wieder neue Nahrungsmittel bräuchte. Überzeugt eure Familie und eure Freunde einfach durch die vielen Vorteile, die ein verantwortungsvoller Umgang mit Lebensmitteln hat.

zusammenfassender Schlussappell

Das alles könnt ihr im Alltag direkt umsetzen und mit der richtigen Einstellung, werdet ihr rasch merken, dass ihr unsere Nahrungsmittel wieder mehr zu schätzen wisst und obendrein dabei auch noch Geld spart. Lasst euch einfach darauf ein und denkt daran: Nicht allen geht es so gut wie uns!

8. **Hinweis:** *Zu a: Das Wort selbst gibt bereits Auskunft darüber, was sich dahinter verbirgt. Gehe verschiedene Bereiche des täglichen Lebens durch und blicke auch auf deine eigenen Erfahrungen.*
Zu b: Hier kannst du auf die Erkenntnisse aus der ersten Teilaufgabe zurückgreifen und dazu passende Beispiele suchen, die du näher ausführst. Beachte den vorgegebenen Seitenumfang.

a) Nicht nur ein Großteil unserer Lebensmittel landet grundlos auf dem Müll, sondern auch viele andere Güter des täglichen Lebens werden ohne zu überlegen weggeworfen und schneller entsorgt, als es sein müsste. Unsere Gesellschaft ist auf Konsum ausgelegt und orientiert sich meist nicht daran, ob ein Einkauf wirklich notwendig ist. So werden alltägliche Gebrauchsgegenstände oft sehr billig als Einwegprodukte angeboten und deshalb auch rasch wieder entsorgt. Alle Bevölkerungsschichten tragen so zur Rohstoffverschwendung und Umweltbelastung bei.

b) Um Rohstoffe zu sparen und unsere Natur zu schützen, ist es zwingend nötig, dass wir alle unser Konsumverhalten verändern und damit unserer Wegwerfgesellschaft entgegenwirken. Ich selbst kann viel dafür tun.
Zahlreiche Einwegartikel lassen sich problemlos wiederverwenden: Einmalbesteck und Einkaufstüten kann man z. B. bedenkenlos mehrmals verwenden und leere Eisschachteln aus stabilem Kunststoff oder Verpackungskartons eignen sich prima zum Aufbewahren und Verstauen verschiedenster Dinge. Als Denkanstoß für meine Mitschüler könnte ich mir gut vorstellen, einmal eine kleine Ausstellung über kreative Wiederverwendungsmöglichkeiten von Einwegartikeln zu machen.
Sehr viel sorgfältiger und kritischer möchte ich auch mit elektronischen Geräten im Haushalt umgehen. Auch wenn diese mittlerweile relativ billig sind, werde ich sie pfleglich behandeln und kleinere Reparaturen nicht gleich zum Anlass nehmen, das Gerät zu entsorgen. Ich frage mich wirklich, ob nur wegen des Designs und ein paar technischer Neuerungen sofort ein neues Gerät angeschafft werden muss. Bevor ich etwas Funktionierendes wegwerfe, kann ich es auch an einen Second-Hand-Shop oder an einen Freund weitergeben.
Auch was Nahrungsmittel anbelangt, werde ich mein Konsumverhalten kritisch überdenken. Ich muss beispielsweise nicht alles aufwendig verpackt kaufen, wenn ich einen Imbiss oder bestimmte Lebensmittel auch offen bekommen kann.
Das Gleiche gilt für Kleidung. Die Werbung und natürlich auch ein gewisser Druck in der Gruppe sorgen dafür, dass man sich viel zu schnell etwas Neues kauft, obwohl die alten Sachen durchaus noch tragbar wären. Ich möchte versuchen, diesen Teufelskreis zu durchbrechen.
Wenn es mir gelingt, wenigstens einen Teil meiner Vorsätze zu verwirklichen, und ich vielleicht meine Freunde damit anstecken kann, haben wir schon einiges für die Umwelt- und Ressourcenschonung erreicht.

Ihre Meinung ist uns wichtig!

Ihre Anregungen sind uns immer willkommen. Bitte informieren Sie uns mit diesem Schein über Ihre Verbesserungsvorschläge!

Titel-Nr.	Seite	Vorschlag

Bitte hier abtrennen

Bitte hier abtrennen

Zutreffendes bitte ankreuzen!

Die Absenderin/der Absender ist:

- ☐ Lehrer/in in den Klassenstufen: ______
- ☐ Fachbetreuer/in
  Fächer: ______
- ☐ Seminarlehrer/in
  Fächer: ______
- ☐ Regierungsfachberater/in
  Fächer: ______
- ☐ Oberstufenbetreuer/in
- ☐ Schulleiter/in
- ☐ Referendar/in, Termin 2. Staatsexamen: ______
- ☐ Leiter/in Lehrerbibliothek
- ☐ Leiter/in Schülerbibliothek
- ☐ Sekretariat
- ☐ Eltern
- ☐ Schüler/in, Klasse: ______
- ☐ Sonstiges: ______

Unterrichtsfächer: (Bei Lehrkräften!)

______

STARK Verlag
Postfach 1852
85318 Freising

22-VT9

Bitte ausfüllen und im frankierten Umschlag an uns einsenden. Für Fensterkuverts geeignet.

Kennen Sie Ihre Kundennummer?
Bitte hier eintragen.

Absender (Bitte in Druckbuchstaben!)

Name/Vorname

Straße/Nr.

PLZ/Ort/Ortsteil

Telefon privat

Geburtsjahr

E-Mail

Schule/Schulstempel (Bitte immer angeben!)

(Bitte blättern Sie um)